直江兼続

戦国史上最強のナンバー2

外川 淳
歴史アナリスト

アスキー新書
087

はじめに

直江兼続《なおえかねつぐ》の生涯を通観したとき、もっとも心動かされたのは、その責任の取り方である。

兼続は、主君上杉景勝《うえすぎかげかつ》の絶対的信任を受け、上杉百二十万石をナンバー2として指導する立場にあったが、天下分け目の関ヶ原《せきがはら》の戦いでは、勝者となった徳川家康《とくがわいえやす》に刃向かったため、上杉家は領地を三十万石に減らされた。

上杉家中には徳川との対決への道を選択した兼続への非難もあったが、兼続は上杉家を再出発させることこそが自身の使命とみなし、指導者の座にとどまった。

組織のトップは、出処進退を間違えれば、それまで築き上げた実績や信頼のすべてを失うことがある。

このとき、兼続には敗北の責任を取って身を引くという選択肢もあった。現代社会では、安倍晋三《あべしんぞう》と福田康夫《ふくだやすお》という二人の総理大臣があっさりと辞任するなど、泥をかぶることなく、重責を放棄するというパターンも多い。

その一方では、「現在の職にとどまり、混乱した状態を立て直すことが使命である」と公言し、マスコミや世間からは辞職を求められながらもその立場や地位に固執しようとする大臣や経営者も少なくない。

兼続は敗戦責任から逃れることなく、上杉家の「再建」に着手した。希望退職以外の人員整理はせず、その卓越した企画力と指導力により、上杉家を再生へと導いている。米沢藩《よねざわはん》(山形県南東部)の基礎を築くという意味では最大の功労者だったにもかかわらず、関ヶ原の戦いでの敗戦の責任を取るため、自身の死後、直江家が断絶となるように仕向けた。その責任の取り方は、見事としか言いようがない。


歴史は、過去の出来事を事実か否かを精査して積み上げ、そして学校の授業や講義において丸暗記する学問ではない。事実を積み上げるという作業は、歴史を知るうえで不可欠な作業ではあるが、現在の専門研究の世界は、積み上げ作業に終始しているように思える。また、教育の現場では改革の必要性が叫ばれていても、歴史=丸暗記という構図は変化の兆しさえない。

兼続の責任の取り方から現代にも通じる行動哲学が学び取れるように、歴史と接することで、後世に生きる私たちは、過去を生きた人々の生き方に心動かされ、将来へのビジョンを学び取ることもできる。

歴史という過去の出来事から「何か」を学び取ろうとするとき、創作されたフィクションよりも、より真実に近い歴史からのほうが多くの成果を得ることができる。

本書では、直江兼続の波瀾に満ちた生涯にまつわる謎を多角的に分析し、真実に近い人物像をわかりやすく描くように務めた。

「兼続は、なぜ主君景勝から絶大な信頼を受け、上杉家のナンバー2になれたのか？」

「関ヶ原の戦いにさいし、兼続が策定した究極の作戦目的とは？」

「兼続が上杉家再建に成功した秘訣とは？」

本書では、この三つの謎を中核にすえ、自分なりの仮説を立て、材料とした文献史料などを具体的に示しながら、大胆に推理を加えてみた。

本書を一読されることにより、直江兼続の魅力をご理解いただけるとともに、歴史という学問が魅力にあふれ、生涯にわたって楽しく接することのできるメディアの一つだと感じ取っていただければ、これにすぎる喜びはありません。

刊行の労をとってくださった、アスキー・メディアワークスの渡部絵理さんほかスタッフの方々に対し、心からのお礼を申し述べる次第です。

外川　淳

二〇〇八年一〇月吉日

目次

第二章 美しきライバル景虎との死闘……053

第三章　天下人秀吉との出会いと別れ……081

序章　直江兼続とはこんな男

エピソードから探る人物像

直江兼続は、どのような人物だったのか？

ここでは、本編で誕生から死までの生涯を追う前に、そのキャラクターを分析してみたい。

歴史上の人物のキャラクターを探る有力な手がかりとしては、エピソードがある。まずは、兼続にまつわる二つの有名なエピソードを紹介する。

時は文禄《ぶんろく》年間（一五九二〜九六）、大坂城《おおさかじょう》の御殿《ごてん》において、伊達政宗《だてまさむね》が珍しい金貨を持参し、諸大名を相手に自慢していた。兼続にも手わたそうとしたところ、兼続は広げた扇に金貨を乗せて受け取り、じかに手に取ろうとはしなかった。政宗は、兼続が上杉景勝の家臣であるため遠慮して触らないのだろうと思い込み、手に取ってもかまわないと言った。すると兼続は「采配を振るう手で、金貨のようないやしい物を触るつもりはありません」と、想定外の言葉を言い放った。政宗は恥をかかされて赤面したという。

慶長《けいちょう》二（一五九七）年春のこと、上杉家の侍が、たいした罪でないにもかかわらず、使用人を斬殺するという事件が起きた。使用人の親戚たちが訴えると、兼続は非を認め、慰謝料を下賜《かし》することにより事件を収拾しようとした。だが、親戚たちは死んだ男を返せとしつこく要求した。兼続は「それならば、閻魔大王《えんまだいおう》にかけ合ってこい」と言い放ち、「いまだお会いしたことがありませんが、一筆啓上いたします」と記された閻魔大王への書状をそえ、彼らの首をはねた。

はっきり言って、この二つのエピソードには、兼続の人間としてのよさは表現されていない。政宗とのエピソードからは、才気に走り他人に恥をかかせるいやな人物像が見え、閻魔大王のエピソードからは、為政者としての冷酷な一面がうかがわれる。

ともに、後世に成立した『武辺咄聞書《ぶへんばなしききがき》』という史料を元にしており、史実か否かは確認できない。『武辺咄聞書』をはじめ、兼続関連のエピソード類は、『大日本古文書《だいにほんこもんじょ》』「十二ノ三十二」元和《げんな》五（一六一九）年十二月十九日（兼続病没の日）条に網羅されている。『大日本古文書』では、歴史上の著名な人物が亡くなった日の項目に略伝やエピソードが列挙され、人物を研究するための基本情報を知ることができる。ただし、『大日本古文書』の編纂は遅々としており、人物が亡くなった日の項目が公刊されていないと、お手上げの状態になる。たとえば、織田信長《おだのぶなが》の没した天正《てんしょう》十（一五八二）年六月二日条は、いまだに公刊されていない。

話を戻すと、兼続については、伝えられるエピソードからその人間性を推測することは難しい。

兼続は、天下分け目の関ヶ原の戦いにおいて、敗れた石田三成《いしだみつなり》に味方し、徳川家康に弓引くことになった。敗戦後、兼続は米沢藩上杉家の基礎を築くため多大な貢献をしたにもかかわらず、徳川の天下となった江戸時代には、厄介な存在としてタブー視され続けた。

『奥羽永慶軍記《おううえいけいぐんき》』には、このような悪意に満ちたエピソードが記されている。

兼続は、主君景勝が男性ばかりを寵愛《ちょうあい》している状態を危惧していた。そこで、絶世の美女を男に仕立てて近侍《きんじ》させたところ、景勝は男と間違って性交渉におよんだ。女性は妊娠し、定勝《さだかつ》を出産。だが、景勝の妻が激しく嫉妬したことから、女性は自害してしまう。定勝は、自身の出生の秘密と母の悲劇的な最期を知ると、兼続に対して激しい憤りを覚え、ついには手討ちにした。

米沢藩第二代の藩主となる定勝は、兼続の妻お船《せん》に育てられ、直江夫妻を両親のように敬愛しており、重臣斬殺という蛮行をするはずがない。『奥羽永慶軍記』は、このような眉唾物の話に満たされているわけではなく、信憑性のある記述もあるのだが、それだけ兼続は誤解されていたともいえる。

江戸時代において兼続が高く評価されなかったことも、その人間性をわかりにくくしている一因となっているのだろう。

借金がかさんだ米沢藩の財政を立て直し、名君として知られる上杉鷹山《うえすぎようざん》は、兼続の偉業を高く評価した。明治後期には福本日南《ふくもとにちなん》が伝記『直江山城守《なおえやましろのかみ》』を著して兼続の「汚名」回復がはかられたものの、米沢の人々にとって、兼続は上杉謙信や鷹山のような誇るべき郷土の偉人ではなかった。兼続人気という点では、隆慶一郎《りゅうけいいちろう》原作『一夢庵風流記《いちむあんふうりゅうき》』、原哲夫《はらてつお》の劇画『花の慶次《はなのけいじ》―雲《くも》のかなたに―』において、主人公前田慶次《まえだけいじ》の無二の盟友として兼続が描かれたことも、大きな役割を果たしている。

そして、平成二十一（二〇〇九）年のNHK大河ドラマ「天地人《てんちじん》」が放映されれば、家康に反逆したことへのマイナスイメージは完全に払拭されるに違いない。その一方で、真偽さまざまな話がつけ足され、兼続のあらたなキャラクターが生み出されるだろう。

甲冑から読み解く「愛」の精神

米沢城内にある上杉神社の宝物館には、「愛」という一字を前立《まえだ》てにした甲冑《かっちゅう》が所蔵されている。兼続が使用したこの甲冑は、どんな文献史料よりも兼続という人間を感じさせる一品である。

「愛」の一字の意味については諸説あるが、兼続が崇拝する愛染明王《あいぜんみょうおう》の「愛」の一字に由来するという説が定説となっている。謙信《けんしん》は毘沙門天《びしゃもんてん》を崇拝し、「毘」の一字を旗印《はたじるし》に利用したように、仏の名の一字を武具に利用することは当時の流行ともいえた。

愛の甲冑の近くには、上杉鷹山が残した「伝国《でんこく》の辞《じ》」も陳列されている。「伝国の辞」は、リンカーンの「人民による人民のための人民の政治」の精神につながるとされ、ジョン・F・ケネディがもっとも尊敬する政治家の一人として、鷹山を挙げる大きな要因となっている。

兼続の甲冑の「愛」の一字にまつわる評価として、鷹山の民衆を愛する精神と根本は同じだとする考え方も提示されている。たしかに兼続は、米沢藩上杉家が成立してからは民衆のための施策も行ったが、この甲冑を着て戦場を駆けめぐっていたころの兼続には、民への愛を感じさせるような行政手腕を発揮した形跡はない。

兼続の愛の対象は、主君景勝や妻お船をはじめとする家族、苦楽をともにする盟友、そして自分を信頼して尽くそうとする配下たちであり、民衆にまで広げることはなかった。ケネディの尊敬した人物もしくは改革者として鷹山が注目されるようになると、鷹山と兼続を結びつけることにより、兼続の復権を狙ったと想像される。

それでは、景勝が生きた時代の日本人が抱いていた「愛」という一字のイメージはどのようなものだったか、分析を加えてみたい。

戦国時代の日本語を知るための欠かせない資料として『日葡辞書《にっぽじしょ》』があげられる。『日葡辞書』は、慶長八（一六〇三）年から翌年にかけて完成したポルトガル人宣教師による日本語の辞書であり、三万二千二九三語の単語が収録される。一般的な口語や文語だけではなく、方言やスラングまでもが項目として立てられ、慶長八年の段階における日本語辞典として活用できる。

『日葡辞書』から、愛という言葉が含まれる言葉を列挙してみよう。

愛子＝愛する子また、愛され、かわいがられている子。

愛し、愛する、愛した＝愛《いつく》しみ、かわいがる、また、愛しているしるしを外に表わす。また、自分が興味を感ずるものを大事にして、楽しむ。

愛食＝ある人の愛好する食物。

愛酒＝酒好きであること。また、酒好きの人。

愛執＝深く愛着する。熱烈な、常軌を逸した愛情を抱くこと。

愛愛とした人じゃ＝あの人は愛想のよい丁寧な人である。また人づき合いのよい人である。


以上の文例から、理解できる「愛」という言葉の意味は、人（物も含む）をいとおしく思う心模様を示す言葉であり、今日の用例と変化がないといえる。

つまり、甲冑の「愛」は、愛染明王に由来していたとしても、この一字を見た同時代の人たちは、今日と同じような意味としてイメージしたに違いない。

少年時代の兼続は、才気煥発なところを前面に押し出すことにより、世の大人たちに認められようと必死だった。主君景勝の信頼を受けて異例の出世を果たしても、冷徹に見えるほどの才人であったが、人を動かすためには、理や義だけではなく情も必要なことを悟る。時期的には、二十二歳でお船を妻に迎えたころが転機となった。

その後、目上の人間からはかわいがられ、同輩からは深く信頼され、配下からは命がけの忠誠を得られるような人間へと成長していった。

兼続は目立った武功がないまま驚異的な出世を遂げたことから、上杉家のなかでは羨望と嫉妬により敵対者も多かった。だが、一世一代の晴れ舞台ともいえる関ヶ原の戦いにおいて、上杉家の人々が兼続の指揮のもと一糸乱れずに働いたのは、兼続の人柄に魅了されたからであろう。

兼続が「愛」の一字が付された甲冑を着用したのは、自分が人を愛し、そして愛される人間になりたいという自己表現だったのだろう。

金《きん》小《こ》札《ざね》浅《あさ》葱《ぎ》糸《いと》威《おどし》 二《に》枚《まい》胴《どう》具《ぐ》足《そく》（上杉神社所蔵）
愛の文字の前立てで知られる兼続着用の甲冑

第一章　名将登場の時代背景

謎の幼少時代

直江兼続は、永禄《えいろく》三（一五六〇）年、樋口兼豊《ひぐちかねとよ》の長男として生まれた。幼名（通称）は与六《よろく》という。父兼豊は、坂戸城主《さかとじょうしゅ》（新潟県南魚沼市《みなみうおぬまし》）の長尾政景《ながおまさかげ》に仕え、薪や柴の管理を職掌としていた。

樋口家が主君とあおぐ政景は、上杉謙信の姉にあたる仙桃院《せんとういん》を妻とし、親族の少ない謙信の一族のなかにあり、非常に大きな役割を占めていた。だが、仙桃院を妻に迎えるまでは、その支配を嫌って武力対立したこともあり、油断のならない人物だった。

政景が統治していた現在の新潟県南魚沼市一帯は上田庄《うえだのしょう》と称されていたことから、その家臣団は上田衆と呼ばれていた。父兼豊は、上田衆のなかでは戦闘要員というより、家政に携わる官吏だったらしい。兼続が出世すると「子の七光り」によって城主クラスにまで取り立てられたが、息子に恥をかかせることなく、そつなく役目を果たしている。兼豊は、出世のためがむしゃらに働くというタイプではなく、着実に与えられた任務を遂行するタイプだった。

もしも、兼続が父親のような控え目な人柄であれば、歴史に名をとどめることはなかったであろう。逆説的に考えると、兼続の他人を押しのけてでも出世しようとした前向きな性格は、母親譲りとも推測できる。とはいえ、兼続の母については、この時代のほかの女性と同じように、その人間性を知る史料は皆無に等しい。

戦国乱世を生きた女性の生きざまは、まったく伝えられていないか、誤って後世に伝えられていることが多い。たとえば、三条の方《さんじょうのかた》（武田信玄《たけだしんげん》の妻）、築山殿《つきやまどの》（徳川家康の妻）、淀殿《よどどの》（豊臣秀吉《とよとみひでよし》の側室《そくしつ》）らは悪女としてイメージされるが、作家による創作や捏造によって実像とは乖離したキャラクターが一人歩きしている。北政所《きたのまんどころ》（秀吉の妻）、お松《まつ》（前田利家《まえだとしいえ》の妻）、お千代《ちよ》（山内一豊《やまのうちかずとよ》の妻）らは、夫を支えた良妻として描かれ、実像以上に理想の人物として脚色されている部分も多い。

兼続をめぐる女性たちのなかでは、仙桃院と妻のお船については、残された信憑性の高い史料から、ともに気丈な人物だったことがしのばれる。一方、兼続の母については、人物像がほとんど明らかにされていないにもかかわらず、ドラマや小説において登場すれば、脚本家や作家によってキャラクターが創造されるだろう。不明な史実を補うために後世の人間が想像力を働かせて創作することは、ドラマや小説を仕立てるには不可欠な行為である。とはいえ、後世の人間による創作がいつの間にか史実と混同されてしまうことには注意する必要がある。とくに戦国時代の女性は、このような傾向が強い。

兼続の生家である樋口家は、伝承では木曾義仲《きそよしなか》の家臣である樋口兼光《ひぐちかねみつ》を祖先とする。兼光は、義仲が愛した巴御前《ともゑごぜん》の兄ということで歴史に名をとどめる。父兼豊が樋口兼光直系の子孫であればそれなりの名族といえるが、同じ樋口姓を名乗る程度であり、兼続は家柄という面では恵まれない人生のスタートを切った。

著名な戦国武将の少年時代といえば、成長後の人間性がしのばれるような伝記が語り継がれているが、残念ながら兼続の少年時代についてはエピソードさえなく、どのような少年だったかは不明な点が多い。

上杉謙信、真実の姿とは？

兼続が生まれたころ、「越後《えちご》の龍《りゅう》」と恐れられていた上杉謙信は、甲斐《かい》（山梨県）の武田信玄と相模《さがみ》（神奈川県中・西部）の北条氏康《ほうじょううじやす》を相手に死闘を繰り広げていた。のちに兼続の人格形成に大きな影響を与えた謙信とは、どのような人物だったのだろうか。

謙信が戦国大名として雄飛する土台を作ったのは、その父長尾為景《ながおためかげ》である。長尾氏は、越後の守護《しゅご》大名である上杉氏の家臣で、守護代《しゅごだい》を務めていた。永正《えいしょう》四（一五〇七）年、為景は、守護の上杉房能《うえすぎふさよし》を殺害するという下剋上《げこくじょう》により戦国大名への脱皮をめざすが、越後一国を平定するまでには至らず、内乱が続くなか病没した。謙信は病弱な兄晴景《はるかげ》から家督を譲り受け、天文《てんぶん》二十（一五五一）年には、越後国内を平定する。その後も反乱に悩まされながら、国外への出兵を断行する。翌年、初めて関東に出陣して以来、十四回も関東に兵をすすめており、関東で年を越すこと七度におよんだ。また、信《しな》濃《の》（長野県）を制圧した武田勢の矛先が越後におよぶと、信濃へ出陣。川中島《かわなかじま》（長野市篠ノ井《しののい》）を舞台にして武田信玄と五度にわたって衝突を繰り返している。

五度の衝突のうち、もっとも激しい攻防戦が繰り広

川中島古戦場に立つ謙信（右）と信玄（左）の銅像

げられたのは、兼続が生まれた翌年、永禄四（一五六一）年九月十日に行われた第四次川中島の戦いだった。川中島では、一進一退の攻防戦が繰り広げられ、両軍ともに決定打を敵方に与えられないまま、戦いは終幕を迎えた。

戦闘は痛み分けに終わったが、戦場となった川中島周辺地域は、その後、信玄によって支配されており、大局的視点に立てば川中島の戦いの勝者は信玄だった。

謙信が川中島を舞台にして宿敵信玄と戦うようになったのは、信濃有数の名族として天下に名高い村上義清《むらかみよしきよ》や小笠原長時《おがさわらながとき》が信玄による侵略行為によって領地を失い、謙信の元へ亡命したことによる。謙信の生涯は「義」の一字によって貫かれ、信濃へ出陣したのも領地を広げるためではなく、村上や小笠原から無道にも領地を奪い取った信玄に鉄槌を加えるためという大義名分にもとづいていたとされる。

多くの戦国大名が領土を拡張することを至上命題とするなか、正義を貫こうとする謙信の姿は特異な存在ともいえ、現代においても謙信人気を高める大きな要素となっている。また、密教に傾倒し、自身の存在を武神である毘沙門天になぞらえ、女性との性交渉を禁忌とする「生涯不犯《しょうがいふぼん》」を誓い、自身の存在の神秘化をはかった。

謙信が純粋に正義を貫こうとしたのなら、生涯における行動を単純に理解できるのだが、さまざまな局面において、理想を捨て現実的な対応策も選択しており、トップとしての謙信の行動原則は複雑怪奇ともいえる。たとえば、川中島への出陣は、村上や小笠原の領地を回復するという大義名分よりも、信濃北部が武田領となれば本拠である春日山城《かすがやまじょう》（新潟県上越市《じょうえつし》）が危険にさらされ、自衛のためには信玄と戦わなければならないという現実的な事情もあった。

「正義のために戦い続けた」という謙信評を否定することはできないが、「謙信にとって、正義は大義名分にすぎなかった」、もしくは「越後一国の統一を保つためには、大義名分を掲げる必要があった」などと、さまざまな見方から分析し直してみると、トップとしての謙信の実像が読めてくるだろう。

春日山城。謙信・景勝が本拠とした上杉の牙城

謙信と信玄は、ともに相手を不倶戴天の敵とみなしたものの、川中島で知謀の限りを尽くして戦っているうちに好敵手として尊敬の念を抱くようになる。

信玄は後継者の勝頼《かつより》に対して「あのような勇将と事を構えるな。謙信は、頼りさえすれば、必ず援助の手をさしのべる。私は謙信を敵に回してしまったが、武田家が滅亡の危機に瀕したときには、謙信の力を頼る以外はあるまい」と遺言したという。

勝頼は父の遺命に従い、謙信の甥にあたる景勝と同盟を結び、かつて仇敵だった上杉と武田が共闘することになる。

コラム　なぜ、直江兼続が大河ドラマの主人公に選ばれたのか？

平成二十一（二〇〇九）年放映のNHK大河ドラマの主人公が直江兼続に決定したとき、歴史ファンの多くは意外に思ったに違いない。兼続大抜擢の背景には、「直江兼続公をNHK大河ドラマに推進する会」の地道な努力があった。「推進する会」は、平成九（一九九八）年、兼続ゆかりの米沢市、六日町《むいかまち》（南魚沼市）、与板町《よいたちょう》（二〇〇六年に長岡市《ながおかし》に編入）によって結成された。地元市町村の英雄を大河ドラマの主人公にすることで、地域の活性化をはかる動きはほかにも見られる。だが、「推進する会」は、大河ドラマの原作となることを想定し、新潟県出身の作家火坂雅志《ひさかまさし》氏に対して兼続を主人公とした『天地人』の執筆を働きかけ、平成十四（二〇〇二）年から『新潟日報《にいがたにっぽう》』や『山形新聞《やまがたしんぶん》』などの地方紙で連載するという独自の手法で推進運動を盛り上げた。

NHKサイドにしてみると、地元が盛り上がっていれば大外れにはならず、また、最近では前田利家・山内一豊・山本勘助《やまもとかんすけ》という脇役クラスを主人公とした大河ドラマが好評だったことも手伝い、兼続が選択されたと思われる。

野尻池怪死事件

永禄七（一五六四）年七月五日、坂戸城主の長尾政景が水死するという大事件が勃発する。政景は、坂戸城近くの野尻池《のじりいけ》（新潟県南魚沼市）で暑中の涼をとっているさなか、飲酒中にもかかわらず池で泳いだため、心臓発作を起こして急死した。与六少年（兼続）は、すでに五歳に成長しており、父兼豊の主人である政景が急死して大人たちが動揺する様子を記憶にとどめたであろう。

上杉家が編纂した『上杉家御年譜《うえすぎけごねんぷ》』では、ただの水死事故として記録されるのに対し、『北越軍記《ほくえつぐんき》』（『北越太平記《たいへいき》』の別称）という書物によると、軍師《ぐんし》として謙信に仕える宇《う》佐美定行《さみさだゆき》が政景の存在を上杉家の「禍根」としてとらえ、溺死させて自身も命を絶ったとされる。

歴史学では、残された文献が信頼できるか否かを検証することを史料批判といい、大学の史学科や専門研究の世界では、その必要性がくどいほど教えられる。『北越軍記』と『上杉家御年譜』を史料批判すると、このようになる。

『北越軍記』は、江戸時代前期、軍学者の宇佐美良賢《うさみよしたか》によって著述された。良賢は、祖父の定行を越後流軍学の祖とし、歴史的事実よりも、軍学のテキストとしての実用性が優先されている。そのため、創作や捏造も確認され、史料としての信憑性は低い。

『上杉家御年譜』は、米沢藩上杉家四代藩主綱憲《つなのり》が家臣に命じ、上杉家の正史として編纂したものである。編纂の基本方針としては、残された文献史料を引用しており、『北越軍記』と比較すると信憑性が高い。だが、川中島の戦いにまつわる記述は史料が引用されず、江戸時代になってから成立した『甲陽軍鑑《こうようぐんかん》』の影響を受けていることからも明らかなように、すべてを信じることはできない。なお、『上杉家御年譜』は活字化され、文体的には容易に読み解くことのできる部類に属する。

『上杉家御年譜』に書かれているように、ただの事故死とするのが歴史学の正当な方法論といえる。しかし、疑いの目で『上杉家御年譜』をよく読んでみると、政景が死ぬと、時を移さず謙信は景勝の身柄を確保して春日山城へ移したという記述がある。兼続の父兼豊をはじめとする上田衆にとって、政景が死んだ以上、景勝は長尾家の相続者であり手放すことのできない存在であるにもかかわらず、その身柄を謙信によって奪われてしまったということになる。『上杉家御年譜』では、政景の死を知らされた謙信が嘆き悲しむ様子を記述するが、事件後の素早い対応からみて、事前に知っていた、もしくは水死事故を演出したとも推測することができる。また、政景の死を望んでいたという状況証拠からも、謙信の事件関与の疑いが強まる。

謙信は「生涯不犯」の誓いを立て、妻を迎えず女性との性的交渉を絶ったため、政景と仙桃院との間に生まれた景勝は、有力な後継者候補だった。景勝が当主となれば、政景は、その実の父親として上杉家内部での存在感が高まる。政景が穏健な性格だったら問題なかったのだが、政景は謙信に叛旗を翻した過去もある野心家だった。そのため、政景の急死は、謙信サイドには有力な一族を失う痛手というより、厄介者がいなくなったことによるプラスの要素が大きかった。

また、謙信は景勝よりももう一人の養子である景虎《かげとら》を後継者にしようとしていたという説もあり、後継者候補である景勝の身柄を確保することにより、いざとなれば、どのようにでも処理できる条件を整えたとも考えられよう。謙信が事件に関与した可能性が高まってくる。

景勝側近への取り立て

樋口与六と名乗っていた兼続少年は、格式の低い武士の家に生まれながら、上杉謙信の姉にあたる仙桃院のお眼鏡にかない、その子景勝の側近に取り立てられるという幸運に恵まれた。年齢は定かではないが、十代前半のことだったと推測される。

仙桃院は、身内の少ない謙信にとって、心許せる唯一の肉親であるとともに、数少ない政略結婚のための要員であり、坂戸城主の長尾政景に嫁ぐと一男二女をもうけた。戦国時代の女性の圧倒的多数がその個性が伝えられていないなか、仙桃院については、時流に飲み込まれることなく自身の意志で生きようとした強い女性だったことが、後世に伝えられている。

仙桃院は、夫の政景よりも実家や弟謙信の利益を優先しており、野尻池怪死事件にも関与していたかもしれない。愛する息子の景勝に仕える忠実な家臣を物色していたところ、兼続に白羽の矢を立てた。仙桃院は、複数の少年をスカウトし、試用したすえに能力のある者を景勝の側近として正式採用したのだろう。兼続は、仙桃院に目をかけられた時点では幸運といえるかもしれないが、それ以後は、少年のころから常人よりも才気煥発な人間性と能力を認められ、「上杉家の人々」からの信頼を勝ち得ている。

景勝が春日山城において叔父謙信から戦国大名としての帝王学を授けられると、兼続もまた、かたわらで聴講したともいう。のちに兼続が手腕を発揮するのは、戦《いくさ》の達人として知られる謙信の教え子だったからとされるが、信頼できる史料には弟子入りの記述はなく、推測にすぎない。少年時代に謙信から戦術や人心掌握術を教えられたか否かは、成長過程の兼続の人間性に大きな影響を与えただろう。謙信が自身の体験を元にして身振り手振りを交え、必勝の戦術を語るというシーンを思うと興味が尽きない。

だが、現状ではそのことは証明できない。むしろ、のちに兼続が自身の出世を妬む人々への抵抗策として、「私は晩年の謙信公から多くのことを学んだ」というホラを吹いた確率が高い。現在でも、会ったこともない著名人の「最後の弟子」を自称する人は少なくない。兼続もそうだったとは断言できないが、ホラを吹き続けることによって真実のようになり、謙信戦術の継承者としての地位を作り上げたように思われる。

兼続は、景勝の側近として取り立てられると、「寵愛」を受け、大きな信頼を得るようになった。寵愛という表現は、上杉家の公的記録である『上杉家御年譜』にも記され

直江兼続 人物相関図

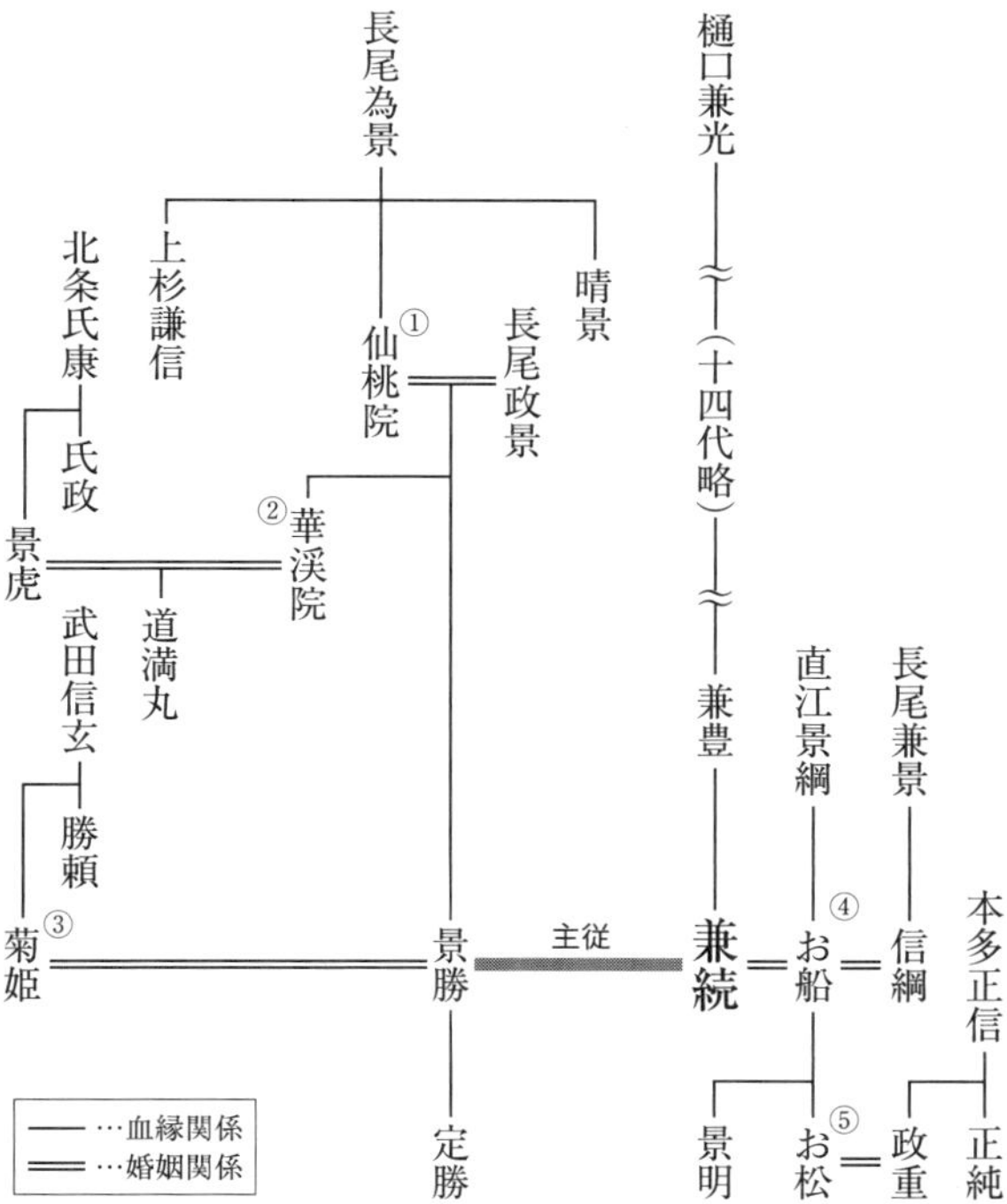

直江家・上杉家をめぐる政略結婚史

① 謙信は、姉を嫁がせることにより、反抗を繰り返す長尾政景との関係改善を策す。
② 謙信は、北条氏康の子を養子として迎えるとともに、姪を嫁がせる。
③ 景勝は、武田勝頼との間に同盟を結ぶとともに、その妹を妻に迎える。
④ 兼続は、直江家を相続するとともに、信綱の未亡人を妻に迎える。
⑤ 兼続は、徳川家との関係を強化するため、本多正信の次男を養子として迎えるとともに、長女を嫁がせる。

る。寵愛の意味合いであるが、一説によると、両者は同性愛の関係にあったともいわれるが、寵愛という言葉だけでは、性的関係にあったか否かを証明することはできない。

兼続と景勝が性的関係にあったかどうかという問題を解き明かすことは、いかなる主従であったかを考察するためには不可欠である。にもかかわらず、この問題については、同性愛への偏見からなんの根拠も示されないまま完全に否定される、もしくは興味本位に描かれるなど、歴史的事実か否かが冷静に評価されることはなかった。景勝・兼続主従に限らず、戦国大名という組織のなかで、同性愛が果たした役割について考察されることは少なく、今後の研究の進化が待たれる分野である。

上杉景勝画像（上杉神社所蔵）
景勝は、兼続にとって最良の主君だった

戦国大名たちは、少年に身の回りの世話をさせるとともに、性的関係を結ぶことも少なくなかった。このような現象は、歴史的事実として検証することは困難ではあると思えるのだが、武田信玄が側近の高坂昌信《こうさかまさのぶ》に対して差し出した恋文が現存しており、戦国大名家における主君と側近の同性愛が実証されている。織田信長と森乱丸《もりらんまる》（蘭丸《らんまる》）主従、徳川家康と井伊直政《いいなおまさ》主従らもまた、性的関係にあったとされる。武田信玄・高坂昌信主従のように文献史料によって証明される実例は少ないものの、戦国時代には「寵童《ちょうどう》」の風習が根強かったことは否定できない。

性癖はさまざまではあるが、寵童という言葉からもわかるように、対象は児童や少年に限られることが多い。二十代にもなると性的対象ではなくなる一方、かつて性行為を重ねた情誼から、深い信頼関係を結ぶというのが一つのパターンである。武田主従や徳川主従はその典型であり、景勝・兼続主従もこのパターンだったといわれている。

今日的感覚では、寵童から側近になった人物は、ほかの家臣たちから差別を受けるようなイメージがあるものの、異例の出世を果たしたやっかみはあったとしても、寵童上がりの者への偏見は意外に少なかった。それだけ、同性愛によって主従間の人間関係を強固にするという方法がよく行われたともいえよう。

武田信玄、織田信長、徳川家康は、少年だけでなく女性も愛し、多くの子どもをもうけた。外見の美しい少年は、女性と同じように性的対象とみなされたのだ。

上杉謙信の場合、「生涯不犯」を誓って女性を遠ざけた一方、同性愛を不道徳な行為として否定することはなかった。河田長親《かわだながちか》は近江《おうみ》（滋賀県）という他国出身にもかかわらず、謙信からの寵愛を受けて側近の一人に取り立てられており、謙信の周囲には寵童上がりの側近が少なくなかった。養子の景勝は武田信玄の娘を妻に迎えるが、彼女との間には子どもが恵まれず、四十九歳になってから側室との間に定勝が生まれ、ようやく後継者に恵まれた。

信憑性の低い史料では、定勝誕生の秘話は序章でも触れたが、次のように語られる。

兼続は、主君の景勝が少年だけにしか興味がないことを憂慮し、男装した女性を景勝に近づけたところ、女性は妊娠して定勝を生んだという。まったくの虚構か少しの真実を含んでいるかは不詳であるが、景勝もまた、女性よりも少年を好む性癖だったと思われる。

景勝・兼続の主従を結ぶ糸

同性愛へのイメージは時代によって異なる。

同性愛者であることを公表するタレントたちが活躍している姿を見ていると、一昔前と比較すると偏見や差別が穏やかになっていることがわかる。

日本において同性愛が非道徳的行為としてみなされるようになったのは、明治維新後のことだった。徴兵制度による近代軍隊を創設しようとするとき、同性愛は軍隊組織にとって「百害あって一利なし」だったことから、国家は、兵隊たちに愛国精神を注入すると同時に、同性愛を徹底的に排除した。以来、日本人にとって、同性愛は忌避すべきものとしてイメージされた。戦国時代における同性愛の問題については、キワモノとしてとらえることなく、冷静な分析対象として再検証してみれば、景勝・兼続主従の実態を理解できるだろう。

兼続の男色説の根拠となっている史料としては、新井白石《あらいはくせき》の『藩翰譜《はんかんふ》』があげられる。白石は、六代将軍の徳川家宣《とくがわいえのぶ》に学者として仕えるとともに、幕府財政の緊縮化を目指した「正徳の治《しょうとくのち》」を推進。経済改革を推進する学者という点では、「小泉改革」の中心的存在だった竹中平蔵《たけなかへいぞう》と共通点が多い。

『藩翰譜』「巻八上杉」の項目では、次のように兼続の履歴を表記する。

「兼続は、樋口與三左衛門《ひぐちよさざえもん》という柴や薪の管理を職掌とする者の子である。十四、五の時、顔立ちが美麗だったために主君の景勝によって愛され、以後、側近として仕えて浅からぬ寵愛を受けた」

白石は、『藩翰譜』において外様《とざま》大名上杉家のことを一万一千字ほどの文章量で淡々と記している。そのうち、兼続にまつわる記事は三百字ほどである。全体的な流れから、父親が柴や薪を管理していたことや兼続が景勝と男色の関係にあったことへの、侮蔑する意識を感じ取ることはできない。

『藩翰譜』は、甲府城主《こうふじょうしゅ》（山梨県甲府市）だったころの徳川家宣が新井白石に命じ、諸大名家の歴史を編纂させ、元禄十五（一七〇二）年に刊行された歴史書である。徳川の天下において編纂されたため、徳川家康賛美を基調にしているが、真実の歴史を伝えようとする学者としての良心も感じられる。その内容は歴史的事実として認められる部分もあれば、事実認識の誤りや意図的改竄も含まれ、事実であることもあればそうでないこともある。

『藩翰譜』の記述からは、景勝・兼続主従が男色関係にあったか否かは別にして、百年の歳月が経過した江戸時代の中期には、両者はそのような関係にあったと認識されていたことがわかる。

景勝・兼続の主従が具体的にどのような人間関係を構築したかは、歴史的事実として確認することはできず、類推や想像によるところが大きい。だが、兼続が二十一歳の夏から急速に出世する背景には、能力が優れていたという表面的理由だけではなく、主君景勝との間で性的関係が介在し、だからこそ、絶対的信頼関係を築くことができたとみなすほうが自然である。ただし、兼続が妻を迎えたころには、二人の性的関係は精算されていたようだ。

兼続美男説の真偽

兼続は、体が非常に大きく筋骨隆々であるにもかかわらず、誰もが見とれるような美

直江兼続画像（米沢市上杉博物館蔵）
焼失した高野山の画像を模写

直江兼続画像（林泉寺蔵）
近代になってから作成された想像図

男だったという。兼続の「イケメン」ぶりは、肖像画があれば知ることができるものの、明治期に作成された普通の「おじさん顔」の肖像画が何点か伝えられるだけであり、その真実の容姿は歴史の闇のなかに埋没している。

今日に伝えられる戦国武将の肖像画は、生前ではなく死後に描かれた作品のほうが多い。肖像画は、故人をしのぶため、没後に家族や家臣たちの証言にもとづいて絵師によって描かれた。そのため、実際の風貌よりも秀麗に描かれることもある。たとえば織田信長は、今日私たちが目にする肖像画とはほど遠く、鼻筋が通らずしまりのない顔だったともいう。

世に知られた名将であるにもかかわらず、兼続の肖像画が残らなかったのは、兼続の死後、直江家が断絶となり、兼続をしのぶ遺族が存在しなかったことも影響しているだろう。加えて、明治以後、兼続の肖像画を想像で描こうとしたとき、美少年＝同性愛というイメージから、美貌とはかけ離れた姿の肖像画が作成された。兼続ゆかりの与板には、平成元（一九八九）年制作の銅像があるものの、りりしさは感じられても、決して美男とはいえない容姿となっている。この銅像の制作に関与した世代には、同性愛への忌避感が強く、無難な姿になったと思われる。

兼続の容姿については、後世に成立した信

直江兼続銅像。長岡市与板歴史民俗資料館の敷地に立つ

憑性の低い史料によっており、また信頼できる肖像画が存在しない以上、不明であると結論づけざるをえない。

体が大きかったという点についても、残された甲冑から検証してみたが標準サイズであり、証明することはできなかった。兼続の盟友ともいえる石田三成と、ライバル関係にあった伊達政宗については、墓が発掘されて遺骨からデータが算定されているものの、この二人は例外である。外見は、人間の個性を演出する大きな要素であるが、戦国武将に限らず、歴史上の著名人の風貌は、現代人の描くイメージとはまったく違う場合も少なくないのかもしれない。平成二十一（二〇〇九）年、NHK大河ドラマの放映にともない、兼続といえば、申し分のないほど端正な顔立ちの戦国武将としてイメージづけられるだろう。

信玄死す　乱世の収束

上杉謙信の永遠のライバルだった武田信玄は、元亀《げんき》四（一五七三）年四月十二日、織田信長との決戦に勝利して上洛《じょうらく》する夢かなわず、病没した。

「信玄死す」という情報が春日山城にもたらされたとき、兼続は十四歳に成長していた。このころ、戦国時代は終盤戦を迎えつつあり、兼続は戦国武将たちのなかでは、若い世代に属している。兼続と同い年は石田三成、一歳年上は大谷吉継《おおたによしつぐ》、一歳年下は井伊直政と福島正則《ふくしままさのり》がおり、織田信長や徳川家康の子どもたちと同世代であり、彼らが少年から若武者へと成長するころ、戦国の乱世は収束へと向かいつつあった。

信長は、足利義昭《あしかがよしあき》を陰のフィクサーとする反織田同盟の攻勢に苦戦していたが、信玄病没によって情勢は一変した。義昭を追放することにより、室町幕府《むろまちばくふ》を滅亡へと導き、人生最大の目標である天下布武《てんかふぶ》へと大きく近づいている。

信長が上昇気流に乗っていたころ、謙信はあまりよくない状況が続いていた。

兼続が生まれた永禄三（一五六〇）年は、桶狭間《おけはざま》の戦い（愛知県豊明市《とよあけし》）が行われ、今川義元《いまがわよしもと》が敗死《はいし》した年でもある。それまで、甲斐の武田信玄と駿河《するが》（静岡県中・東部）の今川義元と相模の北条氏康は、謙信を共通の敵として甲相駿三国同盟《こうそうすんさんごくどうめい》を締結していたが、義元の死という突然の変事により、同盟関係に隙間が生じた。

永禄十（一五六七）年、信玄は今川家の弱体化に乗じて駿河への侵攻作戦を開始する。

氏康は信玄の変節に怒り、同盟関係を解消して、それまで敵対していた謙信と同盟を締結した。上杉と北条との同盟関係は、元亀二（一五七一）年、北条氏康が病没するとともに解消されてしまい、関東では北条勢による上杉方の領土への攻勢が続いていた。

謙信が北条方による攻勢に対処するため、三国峠《みこくとうげ》を越えて関東へ出陣すると、関東の諸将は、謙信の命に従うそぶりを示すのだが、謙信が越後へ帰国すると、北条方に味方するという行動形態をとる者が多かった。なお、田中角栄《たなかかくえい》の政治組織である「越山会《えつざんかい》」は、上杉勢が関東へ出撃することを意味する「越山」に由来する。

謙信は、関東だけではなく、越中《えっちゅう》にも何度も出陣するのだが、北陸地方において強大な勢力を誇った一向一揆《いっこういっき》の抵抗を受け、越中への領土拡張は思うようにならず、いらいらの募る日々が続く。

織田軍に完勝

上杉謙信は、武田信玄よりも一向一揆をやっかいな宿敵とみなしていた。祖父の長尾《ながお》能景《よしかげ》が一向一揆との戦いで戦死したこともあり、一向一揆とは対決姿勢を取り、越後国内では布教を禁じた。それでも、越後国内から一向一揆を根絶できず、隣国越中が一揆方の支配下に入ることを防ぐために何度も出兵しては頑強な抵抗に合い、その都度、撤退せざるをえなかった。

天正四（一五七六）年六月、謙信は前将軍の足利義昭の仲介により、一向一揆と和睦を結んだ。毛利輝元のもとへ亡命中の義昭は、織田信長を打倒するためには謙信を味方につけるべきと判断し、宿敵同士を提携関係へと導いた。それまで、謙信と信長は信玄を共通の敵としていたためにゆるやかな同盟関係を締結していたが、謙信は義昭による信長打倒の要請に応じて直接対決の決意を固めた。

十二月には、上杉勢は越中の一揆勢とともに能登《のと》（石川県北部能登半島）へ侵攻し、信長に属する畠山《はたけやまし》氏の七尾城《ななおじょう》（石川県七尾市）を攻めた。上杉勢は、日本屈指の山城として知られる七尾城を攻めあぐんだが、厳重に包囲して兵糧攻《ひょうろうぜ》めにし、籠城《ろうじょう》する畠山氏の重臣を寝返らせて抵抗力をそぎ落とし、翌年の九月十三日には七尾城を攻略した。

対する信長は、七尾城からの救援要請を受けると、重臣の柴田勝家《しばたかついえ》に七尾城へ向かうように命じたものの、援軍の到着を待てずに城は陥落《かんらく》。二十三日、七尾城攻略の勢いに乗じて加賀《かが》へ進出した上杉勢は、手取川《てどりがわ》（石川県白山《はくさん》市《し》）の河畔で柴田勢と激突する。柴田勢はすでに七尾城救援という目標を失い、退却する態勢にあったこともあり、上杉勢の攻撃を受けると、もろくも敗走《はいそう》した。天正三（一五七五）年の長篠《ながしの》の戦い（愛知県新城市《しんしろし》）に勝利するなど、連戦連勝中の織田軍団であったが、謙信率いる上杉勢によって完膚なきまでに叩きのめされた。

　謙信は逃げる柴田勢を追わず、能登へ引き揚げた。正義のために戦う謙信は、追撃することなく敵に情けをかけたという見方もある。だが、現実的には能登全土を平定することが先決であり、加えて、織田勢を追撃するには地元の一揆方との協力を必要とするが、一年前まで敵対していた同士が心許す関係になれるはずもなく、謙信は安全策を取った。

謙信が織田勢を撃退した手取川古戦場

兼続は、手取川の戦いのとき十八歳になり、初陣《ういじん》を飾るには相応な年齢になっていたが、参戦したという記録は残されていない。

未遂に終わった信長との決戦

武田信玄は、自身の死期を予測して行動していたように思えるのに対し、謙信はまだ数年は寿命があると信じて行動していた。だが、天正六（一五七八）年三月九日、春日山城内の厠《かわや》で脳卒中で倒れ、十三日、懸命の介護と祈禱のかいもなく、意識を取り戻さないまま、四十九歳で病没した。

「謙信は、前年の秋、七尾城を攻め落とし、手取川の戦いに勝利した勢いに乗じ、雪解けを待って信長との決戦を挑むだろう」と、信長打倒に執念を燃やす足利義昭や、織田勢による包囲攻撃に苦しんでいた石山本願寺《いしやまほんがんじ》（大阪市）の顕如《けんにょ》らは期待していた。だが、謙信は義昭や蓮如《れんにょ》たちの思惑に反し、北条方による攻勢に苦しむ関東の佐竹氏《さたけし》や里見氏《さとみし》らの要望に応え、関東へ出陣することを決定していた。

春から初夏にかけ、「越山」して北条方に対して攻勢をしかけ、その動きを封じたうえで帰国した。数カ月のインターバルをおいたのち、秋には北陸路《ほくりくじ》を西上し、北庄《きたのしょう》（福井市）の柴田勝家を血祭りにあげ、信長に決戦を挑むというタイムスケジュールを謙信は胸に秘めていた。

上杉対織田の死闘の鍵を握るのは、北陸において多大な影響力を誇る一向一揆勢力であり、協調関係を維持できれば、越中・能登に加え、加賀・越前《えちぜん》を攻略し、信長との決戦に勝利できる基盤を固められるだろう。だが、長年にわたって対立関係にあった一揆方と謙信の蜜月が続くとも思えず、謙信は一揆方との関係を憂慮しながら、信長に挑まなければならなかった。また、信長にはいざとなれば敵にひれ伏しても一時の危機を逃れる柔軟性があり、朝廷を引っ張り出して講和を結び、状況の好転を待つという中途半端な展開になることもありえた。

謙信はまだ数年生きるつもりで波瀾の生涯を終え、遺言を残さなかったことが大乱勃発の導火線となる。

第二章　美しきライバル景虎との死闘

対決への導火線

戦国大名上杉家は、謙信による独裁によって成り立っていた。だが、独裁者謙信は、後継者を決めないまま急死してしまう。

謙信には二人の養子がいた。一人は、兼続が主君として仕える上杉景勝、もう一人は、北条家から養子に迎えられた上杉景虎である。

北条氏康は、武田信玄と同盟を結んで謙信と対抗していたが、信玄の駿河侵攻に激怒して絶縁するとともに、対抗策として謙信と同盟を結んだ。その証として、元亀元（一五七〇）年、自身の七男を謙信の養子として送った。謙信は、北条家から送られた御曹司に自身が若き日に名乗った景虎の名を与え、自身の姪（姉仙桃院と長尾政景との間に生まれる。景勝の姉）を景虎の妻とした。元亀三（一五七二）年正月、景虎の兄氏《うじ》政《まさ》が同盟断交を通達してきても、謙信は景虎を自身の手元において養子として処遇し続けている。

謙信は二人の養子のうち、景虎には関東の支配を任せ、景勝には本国越後をはじめ北陸方面を支配させようとしていたらしい。もしも、謙信が発病することなく、越山して関東における勢力圏を拡大していたなら、二人の養子による遺産分割も順調に行われていたに違いない。だが、関東における上杉の支配領域は上野《こうずけ》（群馬県）一国の北半分におよばず、遺産相続の分け前としてはあまりにも少なかった。

信玄は自身の死を隠すように遺命《いめい》するが、謙信の場合、死の二日後には葬儀が行われ、その死は越後国内に知れわたっている。

二人の養子たちと謙信との関係を考えてみると、景勝は姉の子、つまりは甥にあたるのに対し、景虎とは血縁関係のまったくない他人であり、しかも実家の北条家とは敵対関係にあった。となると、たとえ遺言がなくても景勝が相続者とみなすのが常識的判断だが、戦国大名上杉家は景勝派と景虎派に二分し、崩壊の危機に直面してしまう。

謙信に仕える家臣の多くは、上杉家に対する厚い忠誠心を抱いていなかった。戦国大名としての上杉家は、謙信の父長尾為景の代に基礎が整えられてはいるが、実質的には謙信が一代にして形作った組織であり、家臣たちは謙信という個人を信頼していても、上杉家という組織にはなんの思い入れもなかった。

上杉の家臣たちは、平成の市町村合併以前の規模の町や村に匹敵する大きさの領地を所有し、その中心に城を築き、独自の家臣団を維持する者が少なくなかった。樋口家が仕える坂戸城主の長尾家や、のちに兼続が当主となる直江家はその典型であり、ミニ戦国大名クラスの家臣は、本庄《ほんじょう》・色部《いろべ》・新発田《しばた》・中条《なかじょう》・千坂《ちさか》・上条《じょうじょう》・北条《きたじょう》・甘糟《あまかす》・安田《やすだ》など、二十数家におよんだ。

彼らにとってもっとも大切なことは、先祖代々受け継がれた自身の領地を守り、増やすことであり、謙信は、主君として適格だったため仕えていたにすぎない。弘治《こうじ》二(一五五六)年、謙信は重臣たちが自身の命令に従わないのに立腹し、引退を宣言して高野山《こうやさん》へ引き籠もるが、長尾政景をはじめ重臣たちが以後は忠実に仕えることを約束したため、引退を撤回し、戦国大名としての業務を再開している。

重臣たちは、謙信がいなければ越後一国の安定は成立しないことは理解していた。しかし謙信の急死によって上杉家は空中分解し、いよいよ内紛を開始する。

御館の乱勃発

上杉家の御家騒動ともいうべき御館《おたて》の乱《らん》が勃発したとき、兼続は十九歳の若武者に成長していた。兼続は、ほかの家臣たちとは違い、主君景勝への絶対的な忠誠を誓っていたものの、この時点では、景勝側近のうちの一人という存在にすぎなかった。そのため、ここからしばらくは、御館の乱の経緯を解いても、主人公である兼続が登場することは少ない。

景勝と景虎は、天正六（一五七八）年三月中旬、春日山城で行われた謙信の葬儀に、ともに参列して養父を弔ったが、最初に景勝サイドが行動を開始する。二十四日には、自身が正当な後継者であると主張し、春日山城の本丸を占拠した。対する景虎は、二の丸に立て籠もり、両者は同じ城のなかで弓を引き鉄砲を撃ち合った。

春日山城は、戦国時代の山城のなかでも屈指の規模を誇り、本丸と二の丸で敵味方に分かれて攻防戦を繰り広げることも不可能ではなかったため、五月十三日、景虎方が城下の御館に移動するまで、この状態が続いた。謙信の死は両陣営にとって想定外の出来事だったため、臨戦態勢になく、家臣たちの多くは様子見の状態にあった。戦闘開始からしばらくは、両陣営は状勢の変化を見極めるため、春日山城内でにらみ合いを続けたと想像できる。

景虎方が拠点とした御館は、春日山城から北東へ三キロに位置し、謙信の元へ亡命した上杉憲政《うえすぎのりまさ》のために建設された居館である。「御」の一字が付されたのは、関東管領《かんとうかんれい》という要職にあり、しかも謙信の養父にあたる憲政への敬意を示す。ちなみに東京有数のプレイスポット「お台場《だいば》」の「お」は、築造を命じた徳川将軍家への敬意を示している。

堅固な山城である春日山城に対し、平地の居館である御館は、憲政の住居と来訪者を接待する迎賓館のような施設だったため、防御には問題があった。そこで、景虎方は、御館を取り巻く防衛ラインを急造し、長期にわたって対峙できる態勢を整えた。

上杉家を二分した御家騒動《おいえそうどう》は、景虎方が立て籠もった拠点の名称にちなんで、「御館の乱」と称される。

景虎が御館に移ったころ、上杉家の重臣たちは、どちらの陣営につくか、旗幟《きし》を鮮明にしつつあった。

南北に細長い越後国《えちごのくに》は、南から上越《じょうえつ》・中越《ちゅうえつ》・下越《かえつ》の三エリアに区分されるが、それぞれのエリアで両陣営による死闘が繰り返された。現在の新潟市や新発田市を中心とする下越では、色部氏・新発田氏などの有力者が景勝方に味方したとはいえ、彼らは景虎方を攻撃する、もしくは春日山城に援軍を送るなどの積極的行動に移ることなく、様子見を決め込んでいた。

現在の長岡市や柏崎市《かしわざきし》を中心とする中越では、景勝の出身地である坂戸城の上田衆や、与板城主の直江実綱《なおえさねつな》が景勝方に味方したが、栃尾城主《とちおじょうしゅ》（新潟県長岡市）の本庄秀綱《ほんじょうひでつな》をはじめ、有力者の多くが景虎方となり、熾烈な攻防戦を展開し、中越戦線では景虎方の優位が続いた。

現在の上越市や妙高市《みょうこうし》を中心とする上越では、春日山城と御館で両軍が対峙する一方、鮫ケ尾城主《さめがおじょうしゅ》（新潟県妙高市）の堀江宗親《ほりえむねちか》をはじめ、景虎方に味方する者も少なくなく、序盤戦では春日山城の景勝方は孤立しかねない苦境に陥った。

天正六（一五七八）年の夏から秋にかけて越後国内では、両軍の支配地域を色分けしようとしても、まだら模様になってしまうような混沌とした状勢となっていた。重臣たちの多くは、自身の領地を守り増やすことを基準にして、景勝方、景虎方、どちらかに属した。たとえば、百年以上、境界や水利権を争っていた隣の領主が景虎方につけば、対抗手段として景勝方に属す、もしくは、兄弟による御家騒動がある家では両派に分かれて内紛を激化させるなど、さまざまな事情により敵味方に分かれていたのだ。

養父謙信と景虎との危険な関係

上杉景虎は、「坂東《ばんどう》（関東）に隠れなき、容色無双の人」と称され、農家の女たちは、「武田三郎《たけださぶろう》（景虎）と一夜を共にできれば、高価な鞍を献上しても惜しくはない」と歌ったという。このエピソードは、諸書で子引き、孫引きされているが、『甲斐国志《かいこくし》』という江戸時代後期編纂の書物を出典とする。甲府勤番《きんばん》の松平定能《まつだいらさだまさ》の命によって編纂された『甲斐国志』は、甲斐一国の歴史をはじめ、地理や民俗などが記録された貴重な史料である。しかし、景虎が生きた時代から二百年以上のちに編纂されたため、残念ながら景虎が美男子であるとは断定できない。なお、景虎は武田家の養子となって三郎と名乗るが、同盟破棄とともに北条家へ出戻った過去があるともいう。

結果的には、景虎は景勝との争いに敗れ、二十七歳という若さで覚悟の自害をよぎなくされた。東国一の美男子が悲劇的な最期を遂げるというストーリーからは、『炎の蜃気楼《ミラージュ》』という小説が生まれ、景虎の存在は、その熱烈なファンにより、注目されつつある。

景虎が美男子であったことは史実として確認できないが、景虎が養父謙信の寵愛を受けていたと仮定すると、謙信が北条と絶縁しても景虎を手元に置き、養子として処遇し続けた不自然さも理解できる。

仮定にもとづく推論ではあるが、謙信は甥の景勝よりも、他人である景虎を寵愛して後継者に据えようとしていたのではないだろうか。謙信自身、関東管領の上杉憲政とは血縁がないにもかかわらず上杉の姓を名乗ったのだから、他人の景虎を後継者にすることに矛盾はなかった。

仙桃院は「弟は景勝を後継者とするように遺言した」と証言したが、母の立場から偽証したとしてもそれは当然のことであり、謙信の意思は逆だったとみなすほうが、上杉家を二分する御家騒動の実態が読めてくる。

越甲同盟締結へ

上杉景虎がもっとも心待ちにしたのは、兄北条氏政からの援軍だった。氏政は関東から越後へ援軍を送ろうとしたが、坂戸城の上田衆が関東からのルートを必死に遮断したことから、御館まで到着した北条勢はわずかだった。

積極的に上杉家の御家騒動に首を突っ込んだのは、甲斐の武田勝頼である。勝頼は、天正三（一五七五）年五月、長篠の戦いに敗れて多くの将兵を失ったものの、このころ復調気配にあった。同盟関係にある北条方から越後への出兵を要請されると、まずは従兄弟の武田信豊《たけだのぶとよ》に対して信越《しんえつ》国境にまで迫るように命じ、介入の意思を示した。

一進一退の状勢が続くなか、武田勢が本格的に敵方として介入してくれば、景勝方は苦戦を強いられることは明らかだった。そこで、景勝は武田信豊や勝頼側近の長坂長閑斎《ながさかちょうかんさい》と跡部大炊助《あとべおおいのすけ》と接触し、和睦と同盟締結を打診した。その見返りとして、上杉方は上野における領地の割譲と黄金一万両の贈与を約束したとされる。

通説では、長坂と跡部は黄金に目がくらみ、同盟締結を取りもったという。この両名は、金に汚く権力欲旺盛な奸臣《かんしん》とされ、武田家滅亡の張本人としてイメージされるが、落ち目の武田家を支えた経済官僚として再評価する動きもある。

天正六（一五七八）年六月七日、勝頼は同盟締結に同意する書状を景勝へ送付した。

景勝にとって勝頼との越甲《えっこう》同盟の締結は、武田勢による侵略の危機から救われただけではなく、景虎との闘争を優位にする切り札となった。

勝頼が景勝と手を結ぶということは、勝頼と氏政との甲相同盟《こうそうどうめい》が破棄されることを意味しかねなかった。勝頼は上杉との同盟締結を北条方には知られないようにしたが、露見するのは時間の問題だった。

甲相同盟の破棄は、景勝には多大な利益をもたらした一方、勝頼には武田家滅亡への導火線となってしまう。同盟が破棄されると、氏政は武田領の駿河へ繰り返し侵攻した。勝頼は、西からの織田・徳川連合軍による攻勢に加え、北条勢に東から挟み撃ちされ、復調気配から続落基調へと落ち込んでしまう。

甲斐からの花嫁

「生涯不犯」を誓った上杉謙信に子どもがなかったのに対し、男性も女性も愛した武田信玄は七男六女に恵まれ、後継者以外の男子は他家の養子に出し、女子は政略結婚の道具として活用した。

その子勝頼は、上杉家との同盟締結の条件として、妹の菊姫《きくひめ》を景勝の妻とすることを約束する。天正七（一五七九）年十月二十日、春日山城内で景勝と菊姫の婚儀が行われた。二人の間に子どもが生まれれば、武田と上杉というライバル同士の血を引くサラブレッドとなるはずだったが、残念ながら子宝には恵まれなかった。

景勝は養父謙信のように「生涯不犯」を誓わなかったが、四十九歳のとき側室との間に定勝をもうけるまで子どもがいなかった。景勝は女性よりも男性を愛したともいう。このような説は史実として確認は不可能だが、壮年まで側室を置かなかったなどの状況証拠から、女性を遠ざけたという仮説も成り立つ。

天正十（一五八二）年三月、兄勝頼が織田信長によって滅ぼされてからも、菊姫は景勝の妻として生きた。肉親の少ない景勝にとって、妻の菊姫は有力な人質だったこともあり、天正十七（一五八九）年以後、豊臣秀吉への従属の証として上方《かみがた》での生活を強いられた。景勝が上洛中は夫婦としての時間が共有できるが、帰国中や朝鮮出兵中は別居状態が続いた。とくに、会津征伐《あいづせいばつ》が発令され、徳川家康と景勝の関係が悪化したときには、彼女の身に危険がおよぶことはなかったが、心細い思いをしたに違いない。

慶長九（一六〇四）年二月十六日、菊姫は京都伏見《ふしみ》（京都市伏見区）の上杉邸で波瀾の生涯を閉じた。享年四十一。上洛中の夫景勝に加え、上杉家の重臣として迎えられていた兄武田信清《たけだのぶきよ》が病状悪化の知らせを受け、米沢から上洛して妹を看取っている。なお、姉たちのなかでは、見性院《けんしょういん》（穴山梅雪《あなやまばいせつ》の妻）、真里姫《まりひめ》（木曾義昌《きそよしまさ》の妻）、松姫《まつひめ》（織田信忠《おだのぶただ》の婚約者）が在世しており、みな長寿をまっとうすることになる。

菊姫は名将信玄の娘らしく、頭脳明晰で家計のやりくりが上手だったという。そのため、禄高が百二十万石から三十万石へ減らされたとき、彼女の節約術によって上杉家は救われたと評価されている。

政略結婚の結果、結ばれた夫婦の間に強いきずながあったようにも思えるが、残念ながら歴史的事実としては不明といわざるをえない。

鮫ヶ尾城の悲劇

武田勝頼は上杉景勝と同盟交渉をするとともに、景虎方とも接触して和睦を結ぶことを提言した。天正六（一五七八）年八月二十日には、いったん両者は和睦したものの、十日もたたないうちに戦闘は再開された。景勝と景虎は、お互いどちらかの息の根がとまらないうちは、戦いがやめられない関係だったのだ。

景勝は勝頼との同盟によって勢いをつけ、同年秋から翌年の早春にわたって上越から中越にかけての敵方拠点を奪い取り、徐々に景虎との死闘を優位にすすめつつあった。

十二月には、謙信から越中における上杉領の支配を任されていた河田長親が景勝からの再三の援軍要請に応え、景勝軍に合流した。長親は他国者でありながら、謙信の寵愛を受けて重臣の一人に取り立てられた。御館の乱が勃発すると、一向一揆や織田方への対応のため、越中を離れられないことを口実にして日和見をしていたのだが、景勝優位とみると、勝ち馬に乗るため動き出した。自分の領地を守り拡大することを行動基準にする者たちにとっては勝者に味方するのは当然ともいえ、長親のように日和見から景勝方につく、もしくは景虎方を見限る者が続出し、景勝の優位は揺るがなくなる。

天正七（一五七九）年二月二日、景勝勢は御館への総攻撃を加え、御館を取り巻く防衛ラインを寸断し、孤立無援の状態とした。それでも景虎は抵抗を続けたが、ともに籠城していた上杉憲政が和睦締結のため動き出した。三月十七日、憲政は景虎の子道満丸《どうまんまる》を連れて春日山城へ行き、景勝と折衝しようとしたところ、途中、景勝方によって道満丸とともに殺害されてしまう。景勝方の記録によれば、戦いのさなか、敵兵と見誤って殺害したとされる。

あとは武力で景虎を打倒するだけという最終局面になってから憲政が口出ししてきたことは、景勝にとっておせっかいな行為といえ、事故にみせかけて殺害した確率が高い。九歳の道満丸は、景虎と景勝の姉との間に生まれ、景勝の甥にあたるが、肉親の情をかけられることなく殺害された。なお、景勝の姉は、御館が陥落するとともに自害しており、上杉家の内紛は血の相克劇と化していた。

上杉景虎は、御館陥落が避けられないと判断すると、関東への逃亡を決意する。同日、景虎は御館から脱出し、信濃との国境に近い鮫ヶ尾城へ発った。城主の堀尾宗親《ほりおむねちか》は景虎方に属していたが、すでに景勝方への内応《ないおう》を誓っていたため、景虎は罠にはまったようなものだった。

景虎は、鮫ヶ尾城が景勝方によって包囲されると、二十四日、城内で自害。坂東一の美男は、味方の裏切りによって、無念の最期を遂げた。

今日、鮫ヶ尾城には往時の建物などは残されていないが、戦国の山城らしい壮大な空《から》堀《ぼり》や城跡《じょうせき》であることを示す石碑が伝えられている。戦国時代の城跡で若い女性を見ることはきわめてまれだが、鮫ヶ尾城では『炎の蜃気楼』ファンが景虎最期の地を見学しようと、本丸《ほんまる》へと続く急な坂道をハイヒールで登る姿が見られる。

総大将である景虎が討ち取られれば御館の乱は終息するべきところ、中越では景虎方が頑強な抵抗を続けた。天正八（一五八〇）年四月、景勝は中越に出陣し、本庄秀綱が立て籠もる栃尾城を攻略。七月には、三条城《さんじょうじょう》（新潟県三条市）を攻め落とし、城主の神余親綱《かなまりちかつな》を殺害し、ようやく争乱状態を終息へと導いた。

上杉家改革の旗手

兼続は、主君景勝の勝利のため必死に尽くしたであろうが、信憑性の低い史料も含め、御館の乱での兼続の活躍を記す記述は皆無に等しい。勝敗の分岐点となった武田勝頼との交渉を成功へと導く、景虎方を味方に導く工作をするなど、さまざまな活躍が想像されるものの、『上杉家御年譜』をはじめ、史料に活躍が記されない限り、残念ながら不明であると結論づけざるをえない。

ところが不思議なことに、乱がほぼ終結しかけた天正八（一五八〇）年六月二十四日から、兼続の景勝側近としての活躍が記される史料が残されるようになる。『大日本古文書』「家わけ十二ノ二」には、兼続宛もしくは兼続発の書状約五十通が掲載されている。

『大日本古文書』の書状は信憑性の高い第一級の史料ではあるが、読解するには相当の好奇心と執念を必要とする。当時の書状は、当事者同士が理解している事実は省かれ、簡略に結論だけが記されることが多い。しかも、書状とともに使者が派遣されるのが通例であり、詳細は使者が口頭で述べる場合、書状からどのような状況にあるか判断するかは、専門の研究者であっても困難をともなう。

『大日本古文書』のなかで兼続がらみのもっとも古い文書は、清源寺是鑑《せいげんじぜかん》という僧侶から兼続（樋口与六）にあてたこの書状であり、兼続が是鑑に占いを依頼したところ、よい結果が出たという緊迫感のない内容のものである。それから一年は、訴訟関係の書状、越中方面からの状況を報告する書状などの兼続関連の史料が伝えられる。

『大日本古文書』には、年代順に史料が掲載されているが、この日以降、主君景勝がらみの書状よりも兼続がらみの書状が多数を占めており、その数からも、この日前後を境にして、兼続が上杉家のなかで重責を担うようになったことが理解できる。

上杉家の内部事情と取り巻く環境を考慮したうえで、なぜ景勝が兼続をこのころに重用したかを推測したい。

御館の乱がようやく終息を迎えるころ、景勝は、重臣たちが上杉家のことより自分たちの領地を守り増やすことを優先することに対し、なんとかしなければならないと感じていた。謙信存命中は、彼らの領地への欲求は軍神謙信の圧倒的カリスマ性によって影をひそめていたが、謙信の死によってその欲求が噴出し、御館の乱という上杉家を二分する争乱が勃発する最大の要因となった。

謙信はカリスマ性だけで上杉家をまとめたが、領土を拡張して家臣の領地を増やすことによって不満を解消し、家臣たちの領土を検地《けんち》（土地の生産能力の把握）することによって支配力を強化したり、家臣が戦に動員する兵士の数を規定するなど、戦国大名として強力な組織を作りあげるという面では、その能力を高く評価できない。

景勝は家臣たちの好き勝手を許さず、統制の取れた組織に上杉家を再生するため、上杉家改革の旗手として二十一歳という若さを誇る兼続を抜擢した。時期的には、御館の乱のまっただなかでは、無名の樋口与六（兼続）抜擢への反感から味方を敵に回しかねなかったため、終息のメドがついた時期を見計らって登用したと思われる。以後、景勝・兼続主従は強敵と戦いながら、上杉家の抜本的改革という難題に取り組むことになる。

兼続は景勝の軍師ではない

直江兼続は、歴史雑誌の「戦国の軍師」といった特集では、その一人として確実に登場する。歴史ファンのなかには、戦国軍師の一人として兼続の名を記憶する方も少なくないだろう。

だが、兼続は職名として軍師に任命されたことはなく、上杉家中では執政《しっせい》と称されていた。執政の職責は定められていないが、兼続が独裁的といえるほどの力を蓄えていくにつれ執政の権限は強化されていく。ほかの大名家では類例がない執政の職務は、鎌倉幕府の執権《しっけん》や、徳川幕府の大老《たいろう》に匹敵するだろう。

歴史雑誌の特集記事で登場する軍師たちは、主君の側近くに仕え、軍事作戦への的確なアドバイスを加えただけでなく、内政や外交に至るまで、さまざまなプランニングをし、主君のために尽くした。いわゆる軍師の代表格である竹中半兵衛《たけなかはんべえ》や黒田官兵衛《くろだかんべえ》らは、職名としての軍師に任命された者は皆無に等しく、『三国志《さんごくし》』に登場する諸葛孔明《しょかつこうめい》になぞらえ、主君の懐刀《ふところがたな》として活躍した者を軍師と称したのだ。

半兵衛や官兵衛は、軍師もしくは参謀《さんぼう》として、主君である羽柴《はしば》（豊臣）秀吉に対して助言するが、最終的判断を下し、責任をもって実行するのは秀吉だった。だが、執政としての兼続が目指した職務は軍師以上であり、極言してしまえば、景勝は、「君臨すれど、統治せず」という存在に等しく、兼続は、最終的判断から実行までの全責任を負おうとしたのだ。

兼続が目指したのは、ドイツ帝国における「鉄血宰相《てっけつさいしょう》」と呼ばれたビスマルクのような絶対的立場のようなものではなかったのだろうか。主君の深い信任を受け、全責任を負って組織を運営する。組織に対して絶対的忠誠心をもち続けるという点では、ビスマルクと兼続は酷似する。兼続よりも後世の欧州人であるビスマルクとの対比には違和感があるかもしれないが、軍師と称するよりも鉄血宰相のほうが、兼続の異称としてふさわしい。

ちなみに、兼続が軍師と呼ばれるようになったのは、それほど古い時代のことではなく、歴史雑誌などの「戦国の軍師と参謀」といった特集における企画会議のなかで、山本勘助をはじめとする著名軍師のほかに、もう少し何人かあげようというところで、兼続の名が加えられたと推測する。

手に入れた名家「直江」の肩書き

兼続が主君景勝によって重用されて一年が経過したころ、春日山城内で大事件が発生する。『上杉家御年譜』を元にして、御殿を鮮血で染めた事件の様子を紹介すると以下のようになる。

毛利秀広《もうりひでひろ》は、御館の乱が勃発すると景虎方に味方したが、景勝側近の山崎専柳斎《やまざきせんりゅうさい》による内応工作によって景虎を見限った。秀広は、内応の功績によって領地が加増されると期待していたところ、なんの音沙汰もない。天正九（一五八一）年九月一日、自身の功績が認められないのは専柳斎のせいと思い込んだ秀広は、城内の御殿で直江実綱と歓談中の専柳斎に走りより、一太刀で絶命させた。たまたま事件現場に居合わせた実綱が刀を抜いて秀広にきりかかると、切っ先が頬をかすめた。すでに人を殺して逆上していた秀広は、無関係の実綱に対しても攻撃を加え、一太刀で致命傷を負わせた。

近習《きんじゅ》として景勝に仕える岩井信能《いわいのぶよし》は、騒音を聞いて事件現場に駆けつけると、登坂広重《とさかひろしげ》とともに秀広を討ち取った。

この事件で巻き添えをくった実綱は、長尾家から養子として直江家に迎えられ、先代景綱の娘であるお船を妻としていた。与板城主の直江家は、越後有数の名族であるとともに、先代景綱は謙信の側近の一人として活躍し、その家名は越後国外にも広く知られていた。婿養子である実綱が殺人事件に巻き込まれて死亡したため、このままでは、直江家が途絶えてしまいかねないことから、景勝は、「樋口」兼続に対し、未亡人となったお船と夫婦となり、名族直江家を相続することを命じる。

兼続が直江姓を名乗ったことは、一石二鳥以上のプラスをもたらした。このころの兼続は、主君景勝の絶大な信任を受け、戦国大名上杉家を指導する立場にあった。家格の低い成り上がりの兼続への反発は強かったが、名族である直江姓を名乗ることにより、重臣としての箔がついた。また、実綱が城主を務めていた与板城を与えられるとともに、与板衆と称される結束力が強く優秀な人材の多い直江氏の家臣団を配下に加えることができた。与板衆が新しい主人である兼続に対して変わらぬ忠誠を誓ったのは、お船の配慮によるところが大きく、お船という伴侶を得たことも、兼続にとってステップアップの大きな要素となっている。

直江実綱斬殺事件と十七年前に起きた長尾政景の野尻湖怪死事件は、一人の人物が突然の変事によって死んだことで上杉家に利益をもたらしたという構図において似通っている。状況証拠を積み上げていくと、実綱は事件に巻き込まれたのではなく、景勝・兼続主従によって謀殺されたという大胆な推理も成り立つ。

そんな仮説を立てながら、御館の乱にまつわる『上杉家御年譜』の記事を読んでいたところ、鮫ヶ尾城を攻めているさなか、毛利秀広を討ち取った岩井信能が景虎方として籠城中の岩井兄弟の助命を嘆願し、聞き入れられるという記事が目についた。そこで、信能のその後の足跡を調べてみると、兼続のよき部下として出世を重ね、関ヶ原の戦いのときには若松奉行《わかまつぶぎょう》の要職にあり、六千石の禄高を与えられる重臣となっていた。つまり、信能は事件発生前、一族を助命されるという恩義を景勝から受け、事件後、順調に出世街道を歩んだということになる。

信能は、春日山城内の御殿で直江実綱・山崎専柳斎・毛利秀広の三名を殺害し、秀広が専柳斎と実綱を殺害したと偽装したのではなかったのだろうか。

そう仮定すると、秀広と専柳斎が巻き添えをくったことになるが、専柳斎は御館の乱で景勝の側近として武田家との交渉や景虎方の切り崩しにあたるなど、景勝の懐刀として実力を発揮しつつあり、兼続のライバルともいえる存在だった。兼続にしてみれば、専柳斎を抹殺するという意味でも、この事件によって利益を得ている。また、秀広が専柳斎に遺恨を抱いているのは周知のことであり、御館の乱の論功行賞への不満分子を抹殺することにも、なんのためらいもなかったであろう。

「事件によって最大の利益を受けた人物が犯人」という犯罪捜査の鉄則に従えば、兼続が事件の黒幕である確率は高い。だが、残されたのは状況証拠だけであり、「有罪」と断定することはできない。この事件を「捜査」しているとき、岩井信能をキーマンとしてとらえてみると、ただの突発事件ではなく、仕組まれた謀略であるという思いが強くなった。歴史には、一つの仮説を立てて推理するおもしろさがある。また、自身の仮説にこだわらず、反対の材料があれば一から考え直す柔軟性があるほうが、より歴史と末永く接することができるだろう。

お船との婚姻

戦国時代を生きた多くの女性の生きざまや人となりが不鮮明ななかにあって、兼続の妻となったお船については比較的多くの史料が残されており、どのような女性だったかを知ることができる。

お船は人々を惹きつける魅力にあふれ、沈着冷静な人柄だった。与板城主の直江家に仕える与板衆にとって、前当主の直江景綱の娘であるお船は、婿養子の実綱よりも身近で信頼できる存在だった。

お船の父景綱は、側近の一人として主君謙信から深く信任されるとともに、与板衆と称される家臣たちには、情愛の念をもって接したことから、絶対的な忠誠を受けていた。与板衆の者たちにとってお船は、敬愛する景綱の分身ともいえる存在であり、誰が婿になろうとも、彼女への忠誠心を失うことはなかった。

そのため実綱が斬殺され、直江家とは無縁の兼続が当主となっても、お船が突然の境遇の変化に戸惑うことなく兼続を夫として立てると、与板衆の多くは兼続を新しい主人として受け入れている。

兼続は低い身分から出世したため、忠誠心の厚い家臣をもたないという弱点があったが、直江家の当主となるとともに優秀な家臣団も手に入れ、ステップアップへの基礎としている。

兼続は生涯にわたって側室を迎えることなく、お船以外の女性との間に子どもをもう

与板城お船清水。お船ゆかりの沸き清水

けるけることはなかった。戦国武将の圧倒的多数が多くの側室をもっていたなかにあって、お船への純愛を貫いたというロマンチックな見方もできなくはない。ただし、兼続は婿に迎えられた以上、家つき娘であるお船との間に子どもをもうける義務があり、ほかの女性との間に子どもを作れば、夫婦喧嘩どころか御家騒動の原因になりかねなかったという一面も忘れてはならない。

また、謙信の姉の子どもである景勝が上杉家の後継者となったように、武家では「男系」の相続が不可能な場合は、「女系」の近親者の相続も認められていた。

お船は妻として夫に尽くしたが、彼女の真価が発揮されるのは、むしろ兼続の死後、後室《こうしつ》(後家)と呼ばれるようになってからのことだった。兼続に対しては不平や不満を抱いていた上杉家の人々も、お船には尊敬の念をもって接し、その長寿を祈り続けた。

二人は政略結婚で結ばれたが、お互いを認め合い、理想の夫婦像を目指した。二人ともに美男美女とされ、人もうらやむ仲だったと伝えられている。

第三章　天下人秀吉との出会いと別れ

武田家滅亡

上杉と武田という宿敵同士の同盟は、締結から四年で終幕を迎える。

勝頼は、盟友景勝に対し、天正十（一五八二）年二月二十日付で、次のような書状を送っている。

「謀叛《むほん》を起こした木曾義昌討伐に援軍派遣を要請したところ、承諾していただいたことに深く感謝します。武田勢は木曾領（長野県南部）の過半を制圧しましたが、敵方が要《よう》害《がい》の地に立て籠もっているため完全には制圧できず、伊那《いな》方面（長野県南部）でも小規模な反乱が起きています。武田勢だけでは兵力が不足しているため、二千でも三千でも援軍を早々に送っていただければ、これにすぎる喜びはありません」

戦国大名間の書状では、不利な状況を隠し自軍の有利を伝えることが多いにもかかわらず、勝頼は厳しい現状を素直に景勝へ伝え、援軍の必要性を痛烈に訴えている。二人は対面することはなかったが、偉大なる父親もしくは養父（叔父）をもった二世同士の苦労により、心通わせる関係にあったのだろう。

書状にもある木曾義昌の謀叛は、武田家滅亡の導火線となった。

義昌は、勝頼の妹を妻とする親族であるにもかかわらず、勝頼と敵対する織田信長に内応《ないおう》することを誓った。木曾謀叛の衝撃は大きく、信玄の姉を母とする穴山梅雪も信長に寝返るなど、離反者が続出した。信長は武田家の内部崩壊に乗じ、勝頼との最終決戦の火蓋を切る。

三月二日には、織田勢の猛攻を受けて高遠城《たかとおじょう》（長野県伊那市）が陥落し、景勝の妻菊姫の同母兄にあたる仁科盛信《にしなもりのぶ》が城を枕にして壮絶な討ち死にを遂げた。高遠城攻略の余勢に乗じた織田勢は、武田家の本国である甲斐へ突入。勝頼は、真田昌幸《さなだまさゆき》を頼って信濃へ逃亡する途中、家臣の裏切りによって身動きが取れなくなり、三月十一日、田野《たの》の地（山梨県甲州市《こうしゅうし》）で自害した。

織田信長は、宿敵武田勝頼を滅亡へと導くことにより、念願である天下布武を大きく手元に引き寄せた。一方、景勝・兼続主従にとって、盟友勝頼の死の衝撃は大きく、上杉家は存亡の危機に陥る。

魚津城の死闘

織田信長は武田家を滅亡させせると、次のターゲットを上杉家に定め、三方向から同時に攻撃する態勢を築こうとした。

武田家滅亡以前の段階から、能登・加賀方面から上杉の勢力圏である越中への侵攻作戦を柴田勝家に命じており、激しい攻防戦が展開されていた。『大日本古文書』には、越中に派遣された上杉家の重臣から兼続にあてた書状が掲載され、上杉方の城が織田方に攻略された情報が伝達されるなど、激しい攻防の様子がしのばれる。天正九（一五八一）年三月、景勝は越中に出陣するも、大きな成果を収めないうちに帰陣し、越中戦線では上杉方の苦戦が続いた。

信長は、北陸方面だけではなく、武田領だった信濃海津城《かいづじょう》（長野市）に森長可《もりながよし》（森乱丸の兄）を配し、関東の厩橋城《うまやばしじょう》には重臣の滝川一益《たきがわかずます》（織田家のナンバー5）を赴任させ、信濃や関東からも上杉領を脅かそうとしていた。

本国越後をはじめ、越中・北信濃・北上野に広がる上杉領のうち、その過半が同盟関係にあった武田領と接していた。武田領が織田領になることで、以前から敵対関係にある関東の北条家を含め、敵対勢力に取り囲まれてしまう。

　しかも、新発田城主の新発田重家《しばたしげいえ》が上杉家に叛旗を翻し、下越地区で支配領域を拡大しつつあった。重家は、御館の乱では景勝方に味方して勝利に貢献したにもかかわらず恩賞の少ないことに不満を抱いていたところ、織田方からの内応の誘いに応じて挙兵したのだった。

　阿賀野川《あがのがわ》（揚川《あがのかわ》）より北部の区域を支配する揚北衆《あがきたしゅう》たちは、謙信の時代から上杉家の支配を嫌う傾向が強く、反乱やサボタージュ活動を繰り返していたが、新発田重家の挙兵は揚北衆の反乱のなかでも最大規模となり、六年後に鎮圧されるまで、景勝・兼続主従を苦しめている。

　天正十（一五八二）年三月下旬、北陸方面の支配を任されていた柴田勝家は一気に攻勢をかけ、東越中有

織田勢によって攻略された魚津城

数の要衝である魚津城《うおづじょう》（富山県魚津市）に対して攻撃を開始した。

兼続は、魚津城には上杉家中のなかでは忠誠心の厚い信頼できる者たちを送り込み、城の死守を厳命した。五月上旬には、景勝が魚津城外へ進出して城を包囲中の柴田勢に攻撃をしかけようとしたものの、敵方も砦を築いて待ち構えていたため、にらみ合いの状態が続いた。しかも、柴田勢と呼応して信濃の森勢と関東の滝川勢が北上を開始したという知らせが伝えられると、景勝は魚津城を見捨てて春日山城へ退却せざるをえなかった。

六月三日、魚津城の死守を命じられていた七名は、城兵《じょうへい》の助命を条件にして切腹、城は織田方の手に落ち、上杉家は滅亡直前の状況に追い込まれた。

春日山城陥落の危機

柴田勝家は、五年前、上杉謙信との手取川の戦いで敗走させられており、魚津城攻略でリベンジを果たしたともいえる。魚津から越後との国境までは約五十キロと比較的近く、織田方は上杉領への包囲網を狭めていた。

景勝・兼続主従は、上杉家が滅亡の危機に瀕しているという認識で一致していた。まずは、親不知《おやしらず》・子不知《こしらず》の険（新潟県糸魚川市《いといがわし》）として名高い国境の海岸線で織田方を迎え撃ち、敵の戦力を消耗させたうえで本拠の春日山城へ撤退した。難攻不落をうたわれた春日山城ではあるが、完全に包囲される前に本拠を中越の栃尾城へと移動させ、徹底抗戦をする。旧西山町《にしやまちょう》（新潟県柏崎市）周辺には、織田勢迎撃のために防御の強化された城砦群が現在に伝えられる。ちなみに、西山町は田中角栄の出身地として知られている。

魚津城陥落の時点では初夏であったが、抵抗しては撤退するという「繰《く》り引《び》き作戦」が成功すれば、栃尾城攻防戦のころには冬将軍の到来が期待された。冬になれば、雪に慣れた上杉勢は東海出身の織田勢に対して有利となり、長期戦に持ち込むことができた。

長期戦に持ち込めたとしても勝算があるわけではないのだが、景勝・兼続主従に残された道は、なるべく戦いを長期化させ、敵の戦力を消耗させるとともに、上り調子にある信長の勢いが「なにかのきっかけ」で下向きになることを期待するしかなかった。

トップに立つ者は、つねに最悪の状態も想定しながら、組織の方向性を決定しなければばならない。武田家が内部崩壊によって滅亡したのを目の当たりにした兼続は、上杉家もまた、新発田重家が謀叛を起こすなど内部の統制が崩れつつあり、崩壊の危機に瀕していることを自覚せざるをえなかった。魚津城攻略の勢いに乗じ織田勢が越後に侵攻してくれば、必死に抵抗する姿勢をみせたうえで、余力を保ちながら信長に和睦を申し出る。兼続は、このようなプライドを捨てた生き残り策を胸中に秘めながら、魚津城陥落後の厳しい情勢に対処しようとしたと思われる。

本能寺の変がもたらした幸運

今日では、地球の裏側で起きた事件も瞬時に伝えられるのに対し、戦国時代の日本では、同じ国内の出来事であっても、百キロ以上離れているエリアへの情報伝達には数日のタイムラグが生じていた。

魚津城が陥落したのは、天正十（一五八二）年六月三日のことだが、その前日の早朝、織田信長は明智光秀《あけちみつひで》の謀叛によって無念の自害を遂げていた。魚津城攻略によって勢いづく柴田勝家のもとへ「信長死す」の第一報がもたらされたのは、事件から二日後のことだった。柴田勢はせっかく攻略した魚津城を放棄し、あわてふためいて富山方面へ退却していった。景勝・兼続主従は突然の状況の変化に戸惑っていたところ、七日、明智光秀から「信長を討ち取ったのでお味方してほしい」という書状がもたらされ、本能寺《ほんのうじ》の変《へん》が勃発したことをようやく知る。

柴田勝家は本拠の北庄城へと退却して明智勢に決戦を挑もうと準備を整えているうち、十三日には山崎《やまざき》の戦い（大阪府三島郡島本町《みしまぐんしまもとちょう》山崎と京都府乙訓郡大山崎町《おとくにぐんおおやまざきちょう》との境）が行われ、羽柴（豊臣）秀吉が勝利を収めて光秀を討ち取ることに成功し、出陣の中止を下命《かめい》した。

信長から上杉攻めを命じられていた織田家の武将のなかで、勝家は「信長死す」という突然の変事に対して一時的に動揺したが、数日後には立ち直ることができた一方、滝川一益と森長可は、主君の突然の死という想定外の出来事に対応することができなかった。

「関東の覇者」北条氏康は、武田家が滅亡すると信長のもとへ戦勝を祝す使者を送り、滝川一益が関東支配のため厩橋城へ派遣されると友好的態度を示していた。だが、九日、

「信長死す」の返報を受け取ると態度を一変させ、厩橋城へ向けて北条勢を北上させた。一益は神流川《かんながわ》（埼玉県児玉郡上里町《こだまぐんかみさとまち》付近）で北条勢を迎撃するが、完敗を喫してしまい、関東から脱出して本領の伊勢長島《いせながしま》（三重県桑名市《くわなし》）へ退却せざるをえなかった。

森長可は、武田家の旧臣たちが蜂起したことから、海津城を放棄して本領の美濃金山《みのかねやま》城《じょう》（岐阜県可児市《かにし》）への撤退を決意する。信長が上杉攻めのために送り込んだ「三本の矢」のうち、二本は完全に折れて使い物にならなくなり、上杉攻めは中止へと追い込まれた。

兼続は、その二年前から景勝の全幅の信頼を受けて上杉家の舵取り役を任されていたが、織田方との戦いでは苦戦を強いられ、兼続個人への信頼がゆるぎかねない状況にあった。そのため、天下人信長の死という突発事態は、兼続にはこれ以上ない幸運をもたらしたといえる。

コラム　兼続は織田信長と出会ったか？

平成二十一（二〇〇九）年放映のNHK大河ドラマ「天地人」では、兼続が上杉謙信の使者として岐阜城で織田信長に謁見するというシーンが収録された（スポーツ紙芸能欄による情報。収録は前年の夏。放映は一月もしくは二月ころ？）。この二人が出会うことは文献史料には記録されておらず、このようなシーンは原作の『天地人』にもない。兼続と信長との出会いが創作されたのは、知名度の低い兼続と圧倒的知名度と人気を誇る信長とを対比させることで人物像を引き立たせ、ドラマ前半を盛り上げようとする脚本家の意図によるのだろう。ドラマや小説では、架空のシーンを挿入することは当然のことだが、無理のない設定にするのは脚本家や小説家の腕次第といえる。

謁見の時期は不明だが、上杉家と織田家の関係が断絶状態になった天正四（一五七六）年以前のことと思われる。そうなると兼続は十七歳以下ということになり、使者の大役を果たせるかは微妙な年齢である。このように架空のシーンが現実としてありえるか否かを分析（裏読み）してみるのも、歴史を楽しむ一つの方法である。

善光寺平の無血占拠

本能寺の変による状勢の急変は、景勝・兼続主従を上杉家滅亡の危機から救うとともに、大きなチャンスをもたらした。

兼続は、まずは信濃への出陣を建策した。天正十（一五八二）年六月下旬には、上杉勢は春日山城を出陣して海津城を占拠したのをはじめ、善光寺平《ぜんこうじだいら》（長野市）の無血占領に成功する。武田家の旧臣たちは主家の滅亡によって苦境に立たされていたが、本能寺の変が勃発したことを知ると、蜂起して海津城主の森長可を信濃から追い出した。その後、上杉勢が信濃に侵攻してくると、武田の旧臣たちはかつて所有していた領地の保有を条件にして、景勝を新しい主人として忠誠を誓ったため、景勝は労せずして所領を拡大できた。

上杉家にとって川中島は武田勢と激戦を交えた思い出の地であり、景勝は養父謙信も手にできなかった川中島周辺を支配下に置くことにより、偉大なる「謙信越え」を果たしたともいえよう。なお、直江実綱殺害事件の関係者である岩井信能は、このころ春日山城と海津城の中間に位置する要衝飯山城《いいやまじょう》の支配を任され、城主クラスへの出世を果たしている。

景勝・兼続主従は、信濃出陣と平行して畠山氏の旧臣を蜂起させ、前田利家が所領とする能登を勢力圏としようとした。だが、利家によって旧臣たちが立て籠もった拠点が攻略され、能登方面における作戦は失敗に終わっている。

上杉勢の本隊は、信濃から帰陣すると、八月九日には新発田重家を征伐するため春日山城を出陣する。重家は、謀叛の後ろ盾となった信長が死んでも和議に応じることなく、新発田城や五十公野城《いじみのじょう》（新潟県新発田市）に立て籠もって頑強に抵抗した。十月上旬には景勝は撤退を下命したが、新発田勢の追撃を受け、手痛い損害を受けている。重家の反乱を鎮圧できたのは天正十五（一五八七）年のことであり、景勝・兼続主従にとって行動の自由を制約する足かせであり続けた。

上杉勢に占拠された海津城（現在の松代城）

兼続がこの新発田城攻めに従軍したことが記録されている。御館の乱でも戦闘参加の経験があるはずだが、軍記物語も含め具体的に参戦の様子が記されるのは、これがはじめてと思われる。

柴田勝家の勢力圏である越中方面に兵を送って中央の動乱に対し、積極的に介入するという選択肢も、兼続にはあったかもしれない。だが、もっとも簡単に手に入りそうな信濃出兵を最優先にし、危険を冒そうとはしなかった。兼続には、重要な局面において危険を冒すより勢力を地道に拡大させるという傾向があり、のちに関ヶ原の戦いでも徳川家康との決戦という危険を犯すことなく、勢力を拡大するために強くない最上義光《もがみよしあき》との戦いを選択する。

このころの兼続は、徐々に上杉家におけるナンバー2の地位を確実にしていくが、新発田城攻めのように前線に出たのは例外で、作戦総本部である春日山城から動くことなく、戦局全般の指揮を取ることが多かった。自身で最前線に出て武功を立てて信頼感を高めるという方法もありえたが、自身の役割は安全な後方で戦局全体を冷静に分析することだと考え、最良の作戦を立てることに主眼を置いた。兼続あての書状には、戦いの状況や指示を仰ぐ内容が多い。このことは兼続が主君景勝の信任を受け、上杉家全体の指揮権を握っていることを示している。

天下人秀吉への接近

「敵の敵は味方」という法則は、戦国時代に限らず現代でも成り立つことが多い。

上杉家にとって柴田勝家は魚津城を舞台にして激しい攻防戦を繰り広げた仇敵であり、本能寺の変以後も対立の構図に変化がなかった。その勝家と信長の後継者の位置をかけて争うようになったのが羽柴（豊臣）秀吉である。兼続は、勝家の敵である秀吉を味方として認識し、「遠交近攻策《えんこうきんこうさく》」（近接する敵を叩くため、敵の背後の勢力と手を結ぶ）を基本とする外交政策を展開する。

秀吉は、山崎の戦いに勝利して明智光秀を討ち取ると、信長の後継者としての地位に大きく近づいた。天正十（一五八二）年六月二十七日、織田家の重臣たちは、清須城《きよすじょう》（愛知県清須市）に集まって信長死後の天下の運営指針を話し合った。この清須評定《ひょうじょう》では、長男信忠の遺児である三法師《さんほうし》を当主とすることをはじめ、遺領の配分や信長の妹お市《いち》が勝家に嫁ぐことが定められたものの、評定という平和的手段だけでは秀吉と勝家の対立に終止符は打たれなかった。

十一月二十一日、前将軍の足利義昭は、景勝に対して柴田勝家と和議を結ぶことを勧告する書状を送った。のちに義昭は秀吉と和解するのだが、このころは毛利家の庇護を受けて鞆《とも》の浦《うら》（広島県福山市《ふくやまし》）で暮らしながら秀吉打倒を目指し、勝家を中核とする反秀吉包囲網結成を呼びかけていた。

瀬戸内海からすでに雪が降り積もる春日山まで書状が到着するには、半月ちかい日数が必要となる。兼続たちが義昭からの書状を読むころには状勢は変化しており、義昭の思惑に反し、上杉家と羽柴秀吉との同盟締結交渉が開始されていた。

秀吉は外交戦を積極的に展開し、中国の覇者毛利《もうり》輝元《てるもと》とは将来の同盟締結を希望しながらも当分の間は中立姿勢を堅持するように働きかけ、景勝に対しては勝家を共通の敵とする攻守同盟締結を提案した結果、天正十一（一五八三）年二月には両者は合意文書を取り交わした。

戦国時代には数多くの同盟が結ばれたが、一口に同盟といってもその内容は千差万別だった。同盟は、締結する相手間の力関係によって変化する。

上杉‐羽柴同盟の場合、最初に締結された時点では、畿内周辺を勢力圏とする秀吉のほうが実力的には上位にあったものの力は拮抗しており、対等を基調とする関係にあった。秀吉は勝家打倒を目指して景勝と手を組んだため、もっと上杉勢が積極的に勝家の勢力圏である越中方面へ侵攻することを期待していた。だが、景勝・兼続主従はそれより北信濃への侵攻や内乱鎮圧を優先させ、秀吉の思惑通りに動くことはなかった。

天正十一（一五八三）年四月二十一日、秀吉は賤ヶ岳《しずがたけ》の戦いに勝利を収め、その勢いに乗じて三日後には、北庄城を攻略して宿敵勝家を自害へと追い込んだ。景勝・兼続主従は柴田氏滅亡という情勢の急変に応じ、越中方面へ侵攻するという選択肢もあったかもしれない。だが、秀吉は七尾城主の前田利家を味方に引き入れることにより、勝家が支配していたエリアを早急に自己の勢力圏に加えることに成功する。景勝・兼続主従が「火事場泥棒」のような勢力拡大をする余裕を与えなかったのだ。

賤ヶ岳の戦いの勝利によって、秀吉はライバル勝家を打倒して信長の跡を継ぎ、天下人の座に大きく近づいた。それとともに上杉‐羽柴同盟は、対等な関係から秀吉上位へと変化していき、最終的には主従関係が結ばれることになる。

盟友石田三成との出会い

兼続は、御館の乱が終幕するころから、上杉家の指導者として抜擢されるが、はじめから重責を一人で担っていたわけではない。

山崎専柳斎は外交を中心とする政策立案者として活躍し、春日山城内で暗殺されるまで、兼続よりもランク的に上の存在だった。

また、尼子《あまこ》氏旧臣の狩野秀治《かのうひではる》は、他国者ながら景勝の深い信任を受け、側近の一人として重用された。秀治は、尼子氏が毛利元就《もうりもとなり》との戦いに敗れると、各地を流浪したすえに上杉家に召抱えられた。兼続とはともに酒を酌み交わす関係であったことが確認され、二人は上杉家中にあって、よきライバルであったことがしのばれる。

だが、秀治は天正十一（一五八三）年四月ころ病に倒れ、二年後には病没したとされる。兼続にしてみれば飲み友だちの死は悲しむべきことだったが、権力を掌握するには好ましい出来事だったかもしれない。このころの兼続は、天下統一へと邁進する秀吉との関係強化を策するとともにその旗振り役となることによって、自身の上杉家における立場を高めようとした。

提携する秀吉が順調に天下統一へ邁進することは、上杉家の安定をもたらし、ひいては兼続の評価を向上させる大きな要因となった。

天正十二（一五八四）年三月、小牧《こまき》の戦い（愛知県小牧市）が勃発。秀吉は、徳川家康と天下をかけて激突した。十一月には和議が結ばれ結果的には引き分けとなるものの、秀吉の天下統一への歩みにブレーキがかかることはなかった。

小牧の戦いが勃発すると、富山城主《とやまじょうしゅ》（富山市）の佐々成政《さっさなりまさ》は徳川家康に味方し、秀吉方の前田利家の領内に攻め込んだ。秀吉は利家を救うため、景勝に対して越中への出陣を要請する。だが、景勝・兼続主従は、北信濃への出兵と新発田重家の叛乱に戦力をそがれて越中方面に出陣する余裕はなく、秀吉の期待には応えられなかった。

天正十三（一五八五）年七月、秀吉は朝廷から関白《かんぱく》に叙任《じょにん》されると、その祝賀式典の一環のように佐々征伐のため、本拠の大坂城から出陣した。佐々成政は孤立無援の状態であることを悟り、八月二十六日には降伏した。閏《うるう》八月一日、秀吉は富山城に入り、成政に対して越中国内において一部領地の所有を認めるという温情的事後処理を下したうえ、帰国の途についている。

ところが秀吉は、帰国を前にして富山城からさらに北陸路を北へとすすみ、越中と越後の国境を越えて上杉領の落水城《おちりみずじょう》（新潟県糸魚川市）で景勝・兼続主従と会見したという「伝説」がある。秀吉サイドの史料や公式記録である『上杉家御年譜』には、この会見のことは記録されておらず、伝説の真偽を確認することができない。

『北越軍記』などの信憑性の低い史料では、秀吉は、石田三成をはじめわずかな側近だけを連れ、景勝・兼続主従と国境近くの落水城で落ち合い、初対面ながらも深い信頼関係を結んだとされる。

「人たらしの名人」と称された秀吉は、味方につけたい人物をたらしこむために、人の懐に飛び込み、おおらかな人間性をアピールして魅了することを得意としたともされる。上杉領へ乗りこむ秀吉の姿は「人たらし作戦」の典型例ともいえるのだが、あまりにも危険が大きく史実として認めがたい。

秀吉ならば身軽に行動するだろうというイメージは、あくまでも小説やドラマによって形成された創作による部分が大きい。また、秀吉は「義を重んじる上杉家であれば、だまし討ちにすることはない」とみなしただろうという考え方も、イメージにすぎない。やはり、常識的に考えれば、秀吉と景勝・兼続主従の初対面は、一年後のこととみなすべきだろう。

この伝説が真実であれば、感動と衝撃の名シーンともいえる。そのため、小説やドラマの世界では、あたかも事実のように表現され続けるだろう。

兼続はこのとき、秀吉と同行した三成と落水城で出会って意気投合したということになるが、こちらの感動の出会いにも疑問符がつく。ただし、もしかすると三成は主君秀吉の命により、落水城もしくは春日山城で景勝・兼続主従と初対面の挨拶をかわしていた可能性は残される。

両者は遅くとも一年後には出会うが、短時間のうちに心許す盟友になったことは間違いない。

兼続と三成の共通点

兼続が友とした石田三成ほど、評価の分かれる戦国武将は少ない。徳川の天下だった江戸時代には、東照神君様《とうしょうしんくんさま》（家康）に刃向かった極悪人とみなされた。そのため、上杉家では兼続と三成が盟友だったことはタブー視され、両者が親しい関係にあったことを実証することは難しい。なお、家康との対決を選択した兼続の存在もまた、江戸時代の上杉家ではタブーだった。

明治維新によって徳川の天下が終わりを告げて罪人ではなくなっても、三成というと狭量の小役人的イメージがつきまとった。三成の再評価という面では、作家司馬遼太郎《しばりょうたろう》が果たした役割は大きく、大作『関ヶ原』において、豊臣の天下を命がけで守ろうとした気骨ある人物として描かれることによって、正当な評価をなされる環境がようやく整ったといえよう。

三成の味方の典型としては、三成の重臣の島左近《しまさこん》が上げられる。このころの三成は、佐和山城《さわやまじょう》（滋賀県彦根市《ひこねし》）と四万石の領地を主君秀吉より与えられていたが、領地のうちの半分にあたる二万石を左近に与えていた。左近は戦の指揮能力に優れ、参謀としての才能を高く評価されていたことから、常識を超える禄高と三顧の礼をもって石田家に召抱えられた。以来、左近は命がけで主君に仕える覚悟を固め、関ヶ原の戦いでは壮絶な戦死を遂げている。

三成は、左近のような忠実な家臣に恵まれるだけではなく、同輩の大谷吉継とは生死をともにすることを誓い合うほどの友であり、その人柄に魅了される者も少なくなく、兼続もその一人となる。

その一方で福島正則や加藤清正《かとうきよまさ》らは、少年のころからともに秀吉に仕えながらも不倶戴天の関係にあり、三成には敵も多かった。

味方もいれば敵も多いという点以外にも、兼続と三成には共通点が多く、両者が信頼を深める大きな要素となっている。以下、両者の共通点を列挙してみよう。

一、ゼロからのスタート　三成の父親は地侍《じざむらい》（農

石田三成銅像。ふるさとの近江石田村に立つ

村に居住する身分の低い武士）で、兼続と同じクラスの身分だった。
二、主君からの信頼　三成は秀吉の小姓に取り立てられると、献身的に仕えることで絶対的な信頼を獲得した。また、三成も秀吉の寵童だったという説もある。
三、官僚としての才能　両者ともに官僚としての事務力と企画力に優れ、その才能によって驚異的な出世を遂げた。
四、親族の出世　三成が出世するとともに、父や兄も秀吉の家臣に取り立てられ、職務を地道に務めた。
五、出世への羨望と嫉妬　驚異的な出世を果たしたため、嫉妬ややっかみを抱かれ、ともに独裁的権力を握ったことへの反発から敵も多かった。

もしも、この二人が一杯交わす機会があったなら、お互いの悩みや苦労がよくわかるはずだろう。三成と兼続は、同じ組織の人間には語ることのできない事柄について、同じような立場にある友と話し合うことでストレスを解消し、明日への活力としたであろう。兼続と三成が出会った場所は不明だが、似た者同士が対面して意気投合したことは、のちに天下大乱の起爆剤となる。

好奇心のブックマーク
教養のアップデート

アスキー新書

2008 11月

新刊のご案内

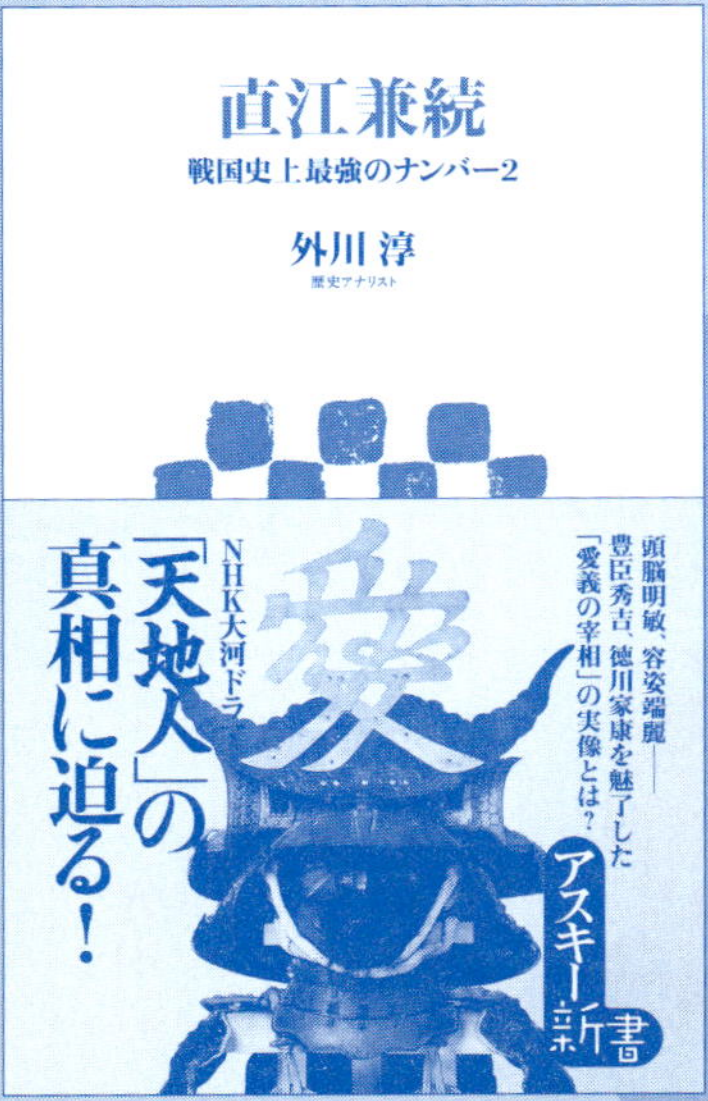
直江兼続
戦国史上最強のナンバー2
外川淳
歴史アナリスト
頭脳明敏、容姿端麗——
豊臣秀吉、徳川家康を魅了した
「愛義の宰相」の実像とは？
NHK大河ドラ
「天地人」の
真相に迫る！
愛
アスキー新書

直江兼続
―戦国史上最強のナンバー2

歴史アナリスト　外川　淳

頭脳明敏、容姿端麗――。豊臣秀吉、徳川家康、二人の天下人を魅了した「愛の宰相」直江兼続の知られざる生涯を描き出す。「攻め」「守り」いずれも秀でた作戦指揮で、第一級の戦略家と称えられた彼が、関ヶ原の戦いに敗れた後、上杉家存続のために打ち出した経済政策とは？　2009年NHK大河ドラマ『天地人』の真相に迫る！

978-4-04-867477-5／定価780円

糖尿病は「腹やせ」で治せ！

日本糖尿病学会専門医、大阪府内科医会会長、大阪府内科医会推薦医　福田正博

いまや予備群も含め糖尿病2000万人時代。糖尿病はメタボの一部ではありません。糖尿病単独でも他の危険因子とは比較にならないほどの障害をもたらします。糖尿病の名医として活躍する福田医師が、長年の治療経験から編み出したあなただけの治療プログラムを本書で伝授！　内臓脂肪減少シート、運動不足改善シート付き。

978-4-04-867478-2／定価780円

上田城の攻防戦

戦国最後の一戦となった大坂夏《おおさかなつ》の陣《じん》において、徳川家康を討ち死に寸前まで追い込んだ真田幸村の人気は、いまだに根強いものがある。

現代における知名度という面では、兼続よりもランクが上の幸村と景勝・兼続主従は、天正十三（一五八五）年八月ころ、春日山城で出会っている。真田昌幸・幸村父子と景勝・兼続主従との間には、過去の複雑ないきさつがあり、十九歳の幸村は不安を抱きながら兼続らと対面したと思われる。

真田一族苦闘の歴史は、天正十（一五八二）年三月の武田家滅亡から開始される。真田昌幸は武田家滅亡が不可避と察すると、織田信長に接近して仕えることによって上田《うえだ》平《だいら》を本拠とする小領主としての座を確保した。三カ月後の本能寺の変により信濃国内が混乱状況に陥ると、小田原城主《おだわらじょうしゅ》の北条氏政・氏直《うじなお》父子に臣従《しんじゅう》を誓ったが、九月になると徳川家康が優勢と判断して北条家を見限って徳川家に仕えた。

戦国時代において、状況に応じて主君を変えるのは珍しくないのだが、一年のうち四人の主君に仕えたのは昌幸だけであろう。

上杉の勢力が善光寺平まで南下して真田の支配圏と接するようになると、上杉と真田は境界線上で小競り合いを繰り返した。一進一退の攻防が続くなか、昌幸は領地譲渡問題で家康と対立したことから、天正十三（一五八五）年七月、家康を見限り、それまで境界争いを演じていた景勝の臣下になることを誓った。また、昌幸は上杉との同盟交渉と並行して豊臣秀吉とも接触し、強敵家康に対抗しようとしている。

昌幸から服従の証拠として上杉家に差し出されたのが二男の幸村だった。幸村の身柄は上杉勢が占拠する海津城で引きわたされ、その後、本拠の春日山城へ移送され、景勝・兼続主従との対面の日を迎えた。

家康は、自身を見限った昌幸を征伐するため、大久保忠世《おおくぼただよ》らに出陣を下命した。閏八月二日、徳川勢は昌幸の本拠である上田城に総攻撃を加えたが、昌幸の巧妙な籠城作戦に翻弄され、敗走をよぎなくされている。

小説やドラマでは幸村も父昌幸や兄信之《のぶゆき》とともに活躍する姿が描かれるものの、上杉方が人質である幸村を自由にするとは考えられず、創作とみなすべきだろう。

徳川勢は、四カ月にわたって上田城攻めを続けるが、総攻撃に失敗してからは、積極攻勢をしかけることなく、撤退している。

幸村が上杉の人質としてすごしたのは十カ月ほどであり、翌年の六月以降、今度は秀吉に人質として差し出されるため、春日山城をあとにした。

このように兼続と幸村には接点はあるが、両者の関係について知るすべはない。ただし、両者はともに石田三成とは親しく、「味方の味方は味方」という関係にあった。天下分け目の関ヶ原の戦いでは、ともに西軍の一員として家康相手に戦うことになる。そして、戦国最後の一戦となった大坂夏の陣では、敵味方として戦場でまみえることになる。

豊臣政権への服属

戦国大名が上洛するということは、特別な意味をもっていた。

永禄十一（一五六八）年九月、織田信長は軍勢を率いて上洛し、畿内一帯を制圧した。前回の上洛では、将軍足利義輝《あしかがよしてる》に謁見《えっけん》して市内を見物した。

九年ぶり二度目の上洛を果たして京都周辺を征圧すると、信長は、ほかの戦国大名たちに上洛することを下命した。以後、上洛することは天下人である信長への服従を意味し、上洛命令を拒否した者たちは反逆者として征伐された。

信長の実質的な後継者となった秀吉もまた、上洛＝自身への服属という図式を活用する。天正十三（一五八五）年閏八月、佐々征伐を無事に終えたあたりから、景勝上洛が具体性を帯び、外交懸案となった。

翌年の四月中旬、兼続は主君景勝を奉じての上洛準備に着手する。五月二十日、景勝一行は京都を目指し、春日山城を出立した。越中・加賀の前田領では、宿泊地ごとに歓待され、とくに金沢城《かなざわじょう》（石川県金沢市）では主の利家自身による接待を受けた。

秀吉は、石田三成を上洛の道案内として派遣し、二十七日、三成は加賀森本《もりもと》（石川県金沢市）で景勝・兼続主従と出会った。兼続と三成は、非公式には対面をすませていたかもしれないが、公的記録上はこのときが初対面となる。

景勝一行は、六月七日に京都に到着した。大坂城へ十二日に移ってからは、二十四日に帰国の途に着くまで、茶会、能楽、酒宴、寺社参詣など、秀吉主催による接待攻勢が続いた。今日的には茶会の意味合いが理解しにくいのだが、天下に知られた「名物」と称される茶器が集められ、超一流の茶人たちが列席する茶会を催すことは、最上級の「おもてなし」を意味していた。

景勝にとってこの上洛は「アゴ足付き豪華京都ツアー」である一方、独立した戦国大名としての誇りを捨て、秀吉に臣下として仕えるための儀式であった。対する秀吉にしてみれば、上杉景勝という一人の戦国大名に対して接待攻勢をかける程度で配下にできれば、安い買い物だったともいえよう。

秀吉は本音では、景勝よりも家康の上洛を望んでいた。このころ、秀吉は妹の朝日姫《あさひひめ》を妻として送り込むことにより、家康が上洛して臣下となるように仕向けた。対する家康は、自分を高く売り込むための高等戦術として、秀吉からの上洛要請に応じようとしなかった。

京都滞在中の六月十六日、兼続は大坂城に招かれ、秀吉の手前《てまえ》によって茶を振舞われた。このとき、両者は対徳川戦略について意見を交換したと思われる。なお、兼続の公的な立場は、秀吉の家来である景勝の家来にすぎないが、秀吉は、兼続の能力を高く評価し、自身直属の家臣として処遇し、ほかの大名たちと対等な地位と官位を与えている。

秀吉は、小早川隆景《こばやかわたかかげ》、堀直政《ほりなおまさ》、そして直江兼続の三人に対し、兵を巧みに動かし天下を動かすことのできる者と称えたという。

「中国の覇者」毛利家の中核を担った小早川隆景と並び称されたことは、兼続には名誉といえる。一方の堀直政は、堀一族筆頭として従兄弟の秀政《ひでまさ》を支えたが、今日では知る人ぞ知る人物である。この三人は、大名家の主ではなく一族や家臣であることを共通点とする。

この話は『志士清談《ししせいだん》』(『大日本古文書』「十二ノ三十二」所収)をはじめ、後世に成立した史料による伝説の一つにすぎない。このような話に頼らなくとも、その後の歴史の展開をみれば、秀吉が兼続を高く評価していたことは理解できるだろう。

兼続は、秀吉との関係強化を推進することにより、上杉家内部での自身の地位を固めつつあった。秀吉は、兼続の置かれた立場を理解するとともに、十分に利用価値があると判断して手厚く処遇した。それまで、兼続の知名度は、北陸から甲信越地区を中心とした東国限定であったが、上洛によって徐々に全国へと浸透している。

権力への執念

兼続の敵対者のなかで、もっとも長期間にわたり兼続を激しく憎悪したのは、上條《じょうじょう》政繁《まさしげ》に間違いない。兼続より十五歳も年長であるにもかかわらず、二十四年も長く生きた。つまり、九十九歳という驚異的な長命を保ったため、もっとも長い間、自分を蹴落とした兼続に対して悪感情を抱いていたと推測できる。

政繁は、七尾城主の畠山家から謙信の養子として迎えられて故郷を離れたが、越後上杉家の一族である上條家の養子に出された。その後、景勝の姉を妻に迎え、上杉一族の重鎮として活躍する。御館の乱では、義弟にあたる景勝に味方して勝利に貢献した。景勝が当主となると、先祖伝来の領地という既得権益を守ろうとする保守派の中心人物として、多大な影響力を維持し続けた。

一方、既得権益の抜本的見直しを目指す改革派の旗頭が兼続であり、両者は妥協することが許されない対立関係にあった。とはいえ、上杉家のトップである以上、ずっと反目していたわけではなく、両者が交わした数多くの書簡が今日に伝えられている。その圧倒的多数は事務的な連絡事項や情報の交換など無味乾燥な内容だが、天正十（一五八二）年四月一日の書状（『大日本古文書』「家わけ十二ノ二」所収）には、寝坊して午前の会議に遅刻した政繁が兼続に謝罪するという文面もあり、乱世を生きる人々の日常の一端がしのばれる。

政繁は兼続の声望が向上することへの反感から、「兼続を私の配下にしたい」と景勝に申し入れたが、即座に拒絶された。景勝は義兄にあたる政繁よりも兼続を信頼しており、兼続の立場を悪くするような人事異動を許すはずがなかった。

天正十四（一五八六）年五月、景勝上洛の前後、政繁は上杉家から豊臣家への人質として大坂城への移動を命じられた。景勝には肉親が少なく、政繁とその妻は人質としてふさわしかったが、保守派のうるさ型である政繁を上杉家の中心から追い出すことができたともいえる。

政繁は自身が上杉家の中心から遠ざけられたことに不満を抱き、「自分は謀叛の罪を着せられ、逆臣直江兼続によって不当な扱いを受けている」と豊臣家に訴えた。すると、秀吉が事件を審理するように命じたのは石田三成だった。これでは、政繁の敗訴は最初から確定しているようなもので、三成は兼続には非がないことを秀吉に報告する。秀吉は上杉家の内紛の火種を大きくしないために、政繁にはわずかな領地を与え、最低限の生活ができるように配慮した。また、政繁が上杉家から離れて豊臣家に亡命したのにともない、景勝の甥にあたる義春《よしはる》が父と行動をともにしたのに対し、妻は夫との縁を切り、上杉家の人間としてその後の生涯をすごしている。

兼続は、最大のライバルであった政繁の政治生命を絶つことで、上杉家執政としとの立場を確立させたといえよう。

ちなみに、政繁は関ヶ原の戦いでは家康に味方し、その功績によって徳川家の家臣に取り立てられると、実家の畠山姓を名乗った。畠山家の禄高は、三千百二十石にすぎなかったが、政繁は十万石の大名に匹敵する官位を与えられ、しぶとく名家として生き残ることに成功している。

越後国の統一

雪国越後の人間は、概して粘り強く、一度決めたことは曲げようとしない。

御館の乱にさいして総大将の景虎が死んでも、一年以上も戦闘が続いたことや、新発田重家の乱が長期化したことなどは、そんな郷土色（県民性）がマイナスに作用したともいえなくもない。

重家は、織田信長が上杉領を併呑《へいどん》する勢いにあったのに乗じ、天正九（一五八一）年六月、景勝に叛旗を翻した。翌年六月、本能寺の変で信長が死んだことにより状勢が一変しても、重家は和睦の働きかけに応じず、本拠の新発田城を中心にして抵抗活動を続けていた。

秀吉は、重家に対して降伏を命じるが、重家は関白秀吉の命令さえも無視した。

天正十四（一五八六）年七月五日、景勝・兼続主従は京都からの長旅を終えて春日山城に帰還すると、新発田攻めに着手した。八月に景勝は新発田方面へ出陣するが、すぐに帰陣することを秀吉に命じられた。このころ、秀吉は家康と上洛交渉を続けていたが、交渉が決裂したときには徳川領へ軍勢を送る準備をすすめており、景勝には、対徳川戦にいつでも移行できるように新発田攻めの延期を下命した。

十月二十七日、家康が秀吉からの働きかけに応じて上洛し、景勝と同じような形で臣下として仕えることを誓うと、秀吉は一転して景勝に対し、豊臣家に対する反逆者として重家を討伐するように厳命した。ようやく、景勝・兼続主従は、目の上の瘤ともいえる重家の征伐に本腰を入れられる状況が整ったものの、すでに季節は冬に向かっていたため、春の到来を待つことになる。

翌天正十五（一五八七）年四月、景勝は春日山城を出陣し、新発田城を攻撃したが、二カ月後にはいったん春日山城へ引き揚げた。

城攻め成功の鍵は、完全な包囲網ができているか否かによるところが大きい。重家は、会津黒川城主《あいづくろかわじょうしゅ》（福島県会津若松市）の葦名家《あしなけ》からの援助を受け、抵抗を続けていた。春の時点では、葦名からの援助ルートが遮断できず新発田城包囲の態勢が整っていなかったため、兼続はいったん退却するという判断を下している。

一カ月余のインターバルをあけ、景勝は新発田城よ

反乱事件の震源地となった新発田城

り南方約十五キロの赤谷城《あかたにじょう》（新潟県新発田市）を攻め、八月十四日には陥落させた。赤谷城攻略によって葦名からの援助ルートを遮断することができたおかげで、新発田城包囲の態勢は整いつつあった。

十月二十四日、上杉勢は新発田城より南東約三キロに位置する五十公野城に総攻撃をしかけた。五十公野城と新発田城はあわせて一つの城ともいえるほど、運命共同体の関係にあったため、新発田方も必死に抵抗した。だが、すでに包囲の態勢が整えられていたことから多くの兵士が負けを悟って逃亡していたため、五十公野城は上杉勢の手に落ちた。翌二十五日、上杉勢は五十公野城攻略の余勢に乗じて新発田城に攻撃をしかけると、その日のうちに攻め落とし、総大将の重家を討ち取っている。

新発田城を攻略することにより、景勝・兼続主従は反乱を終息へと導き、越後一国を

五十公野城。上杉勢の猛攻を受けて陥落

完全に平定した。

　四十年近くさかのぼって越後一国の戦国史を振り返ってみると、景勝の養父謙信は天文十七（一五四八）年、兄晴景から長尾家当主の座とともに、越後一国の支配者の地位を譲られた。だが、戦国大名としての地位は非常に不安定であり、謙信は重臣たちの反乱やサボタージュに悩まされ続けていた。カリスマ的指導力を発揮してなんとか越後の平穏を保とうとしたが、謙信は越後一国を完全に統治できていなかったともいえる。

　景勝・兼続主従は新発田城を攻略することで、揚北衆と称される帰趨《きすう》の定かではない重臣たちに断固たる姿勢を見せつけ、反乱やサボタージュの芽を摘み取ることができた。つまり、景勝は兼続の的確な補佐を受けたことによって、養父謙信が成し遂げられなかった越後統一に成功したのだ。

　だが、反乱鎮圧は兼続の改革路線を推進するための前提条件にすぎず、やるべき課題が山積みしていた。

直江改革を支えた人々

兼続は武士のなかでも最下層のクラスに生まれたことから、樋口家に代々仕える従者は数名のみで、家臣という面では恵まれなかった。

兼続が主君として仕える景勝は、坂戸城主の長尾家に仕える上田衆の献身的な尽力によって御館の乱に勝利して以来、兼続をはじめとする上田衆を要職に抜擢した。泉沢《いずみさわ》久秀《ひさひで》は抜擢された上田衆の代表的存在であり、事務・経理能力に優れ、兄貴分にあたる兼続とともに上杉家の改革にあたった。久秀は心強い同僚であっても部下ではなく、忠誠心の厚い改革スタッフ集団を必要とした。

家つきの家臣に恵まれない兼続に対し、妻のお船は父実綱が手塩にかけて育てた与板衆から深く敬愛されていた。与板衆は人をひきつけ統率力のあるお船を慕うとともに、その亭主である兼続に対しても忠誠心を抱くようになっている。

高梨外記《たかなしげき》は与板衆の代表格であり、手足となって兼続を支えた。兼続は、忠誠心が期待できる外記のような直江家譜代の家臣に加え、隣国の信濃や遠く近江にまでスカウト網をめぐらせ、優秀な人材を抜擢して与板衆の一員に加えている。兼続は上杉家の抜本的改革のため、さまざまなエリアから多くの優秀な人材を確保しようとしていたのだ。

兼続が目指した上杉家改革の根本は、主君景勝を中心とするピラミッド型の組織への転換にあった。これまでの上杉家は、多くの重臣たちが一致団結せず景勝という神輿《みこし》を担いでいるだけにすぎず、組織としての整合性に欠けた。

兼続が目指したピラミッド型の組織への転換は、地方分権から中央集権へのシフトとなり、中央集権を悪の権化とみなす今日的な見方からすれば、時代の流れに逆行するというマイナス評価をされかねない。だが、戦国大名であればピラミッド型の組織を理想とするのは当然で、強力な組織を作り上げた戦国大名は生き残り、組織作りに失敗した者は敗者となった。

秀吉が天下統一という偉業を達成できたのは、自身を頂点とするピラミッド型の組織を作り上げ、石田三成を筆頭とする優秀な官僚たちを活用したことも大きな要因となっている。

三成ら官僚たちが実施した重要職務の一つに、検地があげられる。

秀吉が行った検地はのちに太閤検地《たいこうけんち》と称され、刀狩《かたながり》とともに、歴史の教科書でもおなじみの歴史用語となっている。

高校の教科書や参考書などでは、太閤検地はおおよそ次のように説明されている。

それまで、土地の広さや収穫される米の量の測定方法は、地域によってばらつきがあったが、太閤検地では統一された。一定の度量衡《どりょうこう》により、農地や屋敷地が実地測量によって計測され、生産力が石高《こくだか》として算定された。また、太閤検地以前は土地の所有権が複雑に入り組んでいたが、実際に耕作している農民を土地の所有者とする「一地一作人」の制度が原則となった。農民は土地の所有権を認められるとともに、石高に応じた年貢《ねんぐ》の負担を義務づけられた。秀吉は、天下統一を達成した天正十九（一五九一）年、全国の大名に検地結果の提出を命じ、石高に応じて兵力を負担する「軍役《ぐんえき》」の制度を確立することを目指した。

秀吉による天下統一は、そのころ日本国内とみなされていた現在の青森県から鹿児島県までの全域を検地することを意味していた。この検地の指揮にあたったのが三成を中心とする官僚集団であり、彼らはときには武力を行使しながら、徹底して日本全土を検地することを最終目標としている。

検地に抵抗するのは農民ではなく、土豪《どごう》もしくは地侍と称された農村との結びつきの強い武士たちだった。彼らは先祖伝来の領地で農民たちを奴隷のように拘束して耕作させるとともに、戦時には兵士として酷使し、村単位の小世界における独裁者として君臨した。また、主君には申告していない田畑や山林を所有し、生産高によって決定される軍役の負担を逃れようとした。

いわば、検地は、土豪や地侍たちの既得権益を徹底して洗い出そうとする改革だったため、彼らは先祖伝来の土地を守ろうとして検地に抵抗したのだ。

兼続は、優秀な配下たちの協力を得ながら、上杉領内のすべての土地を検地することを最終目標とした。だが、上杉家内部における抵抗勢力や保守派の反発は根強く、改革成功には多くの紆余曲折が待ち構えていた。

上杉家ナンバー2の確立

二十八歳という人生の真夏を迎えようとするころ、兼続は新発田重家の反乱を鎮圧させ、上杉家におけるナンバー2の地位を確立させた。

一つの選択肢として、改革路線を強力に推進するために上杉領全土の検地を強行するという手段もあったが、保守派の反発を恐れ、検地のしやすい場所から着実に実行し、徐々に領域を広げていった。このような手法からは、兼続が無闇に理想を追求して突きすすむのではなく、冷静に状況を判断して実現可能な事項から着実にすすめるタイプだったことがわかる。

兼続は盟友三成との折衝により、佐渡《さど》を上杉領に加える許可を秀吉から受けていた。佐渡に兵を送って島内全域を占領したうえで、直属の配下である与板衆を送り込み、徹底した検地を行うことによって、上杉全領の検地の予行演習にしようと策している。

謙信の時代から佐渡の領主である本間《ほんまし》氏は、上杉氏に表面上は従っていたものの、本間一族の間で親上杉派と反上杉派に分かれ、小競り合いを繰り返していた。景勝は反上杉派に対して抗争をやめるように命令を繰り返したが、無視されたため、天正十七（一五八九）年六月、景勝自身が佐渡にわたり一カ月で全島を平定した。そして、反上杉派の領地を没収するとともに、親上杉派の領地も佐渡から越後へ移し、佐渡を上杉家の直轄とした。

兼続は、佐渡攻めでは渡海することなく、後方で裏方に徹していた。佐渡の情勢の掌握や渡海させる軍勢の準備などのお膳立てを整え、あとは主君景勝に任せ花をもたせる。主従はこのような役割分担によって、上杉家の勢力を拡大させるとともに、信頼関係を深めていった。

翌年の小田原征伐でもこのような役割分担が繰り返され、兼続が前線で指揮を取ることは少なかった。また、朝鮮出兵でも前線での活躍の機会はなかった。兼続は、天下分け目の関ヶ原の一戦にさいし、困難な退却戦を成功へ導いてその名を高めるが、実戦指揮の経験は新発田城攻めが記録される程度であり、意外に少ない。

佐渡攻めが無事に終わると、佐渡には兼続直属の与板衆が代官《だいかん》として配置され、検地を徹底するとともに民衆の統治にあたっている。兼続は、景勝を頂点とするピラミッド型の組織のモデルケース、もしくは実験の場としての佐渡に期待を寄せていた。

佐渡といえば金のイメージが強いものの、このころは銀が細々と採掘されている程度にだった。佐渡が上杉家の領土となるとともに、兼続直属の与板衆の指揮を受け、銀の採掘が本格化する。兼続は、盟友三成を通じて豊臣家管理下の生野銀山《いくのぎんざん》（兵庫県朝来《あさご》市《し》）や石見銀山《いわみぎんざん》（島根県大田市《おおだし》）における採掘や鋳造の技術を供与され、佐渡「銀山」の開発に生かした。また、技術供与の見返りとして、上杉家は豊臣家に銀の大部分を献上し、一部を上杉家の取り分としている。

銀山の開発によって、上杉家の経済力は格段に向上するとともに、執政としての兼続の座も確実なものとなっている。

小田原攻め

天正十七（一五八九）年秋、景勝・兼続主従が新しく勢力圏とした佐渡の支配機構を作り上げようとしていたころ、秀吉による天下統一は最終局面を迎えようとしていた。

天正十五（一五八七）年、秀吉は九州征伐により、「九州の覇者」島津義久《しまづよしひさ》を服従へと導いており、いまだ秀吉の天下を認めようとしない大物は、「関東の覇者」である北条氏政・氏直父子と、奥羽《おうう》（東北地方）の伊達政宗を残すだけとなっていた。

秀吉は、北条父子に対し、景勝や家康と同じように従属の証明としての上洛を下命した。対する北条サイドは、さまざまな言い訳を作り、回答を一日延ばしにしていた。秀吉は、氏直を娘婿とする家康を通じて粘り強く交渉を続けたにもかかわらず、北条方は秀吉方の真田昌幸の名胡桃城《なぐるみじょう》（群馬県利根郡《とねぐん》みなかみ町《まち》）を攻め取るという暴挙を犯してしまう。この事件は、北条征伐の大義名分を秀吉に与えることになり、十一月二十四日、秀吉は北条サイドに絶縁状を送るとともに、明春、北条征伐のために出陣することを全国の諸大名に対して下命する。

秀吉は、景勝に対して、金沢城主の前田利家とともに信濃から碓氷峠《うすいとうげ》（群馬県安中《あんなか》市《し》と長野県北佐久郡軽井沢町《きたさくぐんかるいざわまち》との境）を突破して関東へ攻め込むように指示した。秀吉本隊は東海道から進撃するのに対し、前田勢と上杉勢を中核とする北国勢《ほっこくぜい》は、別働隊として北条方の動きを封じ込めるという重要な任務を与えられ、秀吉の期待に応えている。景勝・兼続主従にとって北条征伐への従軍は、他人の指揮を受けて戦いに参加するはじめての経験となった。謙信の時代から、上杉勢はほかの大名家の軍勢を指揮下に加えることがあっても、その逆はなかった。

最初の課題は、三万もの前田勢を無事に上杉領内を通過させることだった。たとえ味方とはいえ、万単位の他国の軍勢が領内を通過することは過去にはなかった。

軍勢を進軍させるには、食料やわらじをはじめとする大量の補給物資を事前に準備する必要があり、その段取りに失敗すれば、上杉家は恥を天下にさらすことになる。だが、与板衆を中心とする上杉家の官僚集団は、兼続の指揮の下、そつなく前田勢を前線へ送ることができた。

景勝と利家は、ともに百万石前後の領地を保有し官位も同格だったが、利家のほうが秀吉とは少年時代からの長いつき合いがあり、豊臣政権の重鎮であったことから、景勝は利家の指揮を受けて北条勢と戦うことになる。

天正十八（一五九〇）年三月一日、春日山城から出陣した上杉勢は順調に行軍を続け、三月下旬には第一の関門である松井田城《まついだじょう》（群馬県安中市）攻めに着手した。松井田城は天険の要衝であるに加え、来襲に備えて防御が格段に強化されていたが、北国勢の猛攻で、四月二十日に陥落した。

北国勢は、北条氏邦《ほうじょううじくに》が籠もる鉢形城《はちがたじょう》（埼玉県大里郡寄居町《おおさとぐんよりいまち》）を次のターゲットに定め、五月中旬から攻略作戦を開始した。北条一族の多くが小田原城に籠もるなか、氏政の弟にあたる氏邦は、本拠の鉢形城に残って北国勢を迎え撃った。北国勢は鉢形城を攻めあぐねたすえ、攻城開始から一カ月がすぎた六月十四日、氏邦助命を条件にようやく降伏へと導いた。

ところが、小田原城を包囲中の秀吉のもとへ鉢形城陥落の報がもたらされると、秀吉は城主氏邦を切腹させなかった温情的処置に対して激怒した。利家が謝罪したため、秀吉の怒りは和らいだが、失われた信頼を回復するためには、次の攻撃目標である八王子《はちおうじ》城《じょう》（東京都八王子市）を情け容赦なく攻略する必要が生じた。上杉サイドにしてみれば利家主導で行動したにすぎず、想定外のとばっちりを受けたということになろう。

六月二十三日、北国勢は、戦国山城のなかでも最強クラスと評価される八王子城に対して総攻撃をしかけた。城主の北条氏照《ほうじょううじてる》は小田原城に移動しており、わずかな留守兵が残っていたにすぎなかったため、一日で決着がついて八王子城は陥落した。このころ、北条氏が関東に張りめぐらした支城網は寸断され、小田原城は孤立無援となっていた。

七月五日、北条氏政・氏直父子は、これ以上の抵抗は無理と判断し、降伏して小田原城を明けわたした。小田原城攻めのさなか、「奥羽の覇者」の座を手にしつつあった伊達政宗もまた臣下になることを誓ったため、秀吉による天下統一は達成された。

秀吉が利家を叱責したのは、北条征伐の長期化により豊臣勢全体が中だるみしつつあるなか芝居を打ち、全軍の気を引き締めたという考え方もある。だが、叱責された利家の動揺やその後の八王子城攻めの必死さからはただの芝居とは思われない。

秀吉は、古いつき合いの利家に対しても、いまは主従の関係にあることを実感させる必要があった。また、北国勢は、北条領の半分にも及ぶ領域を占領するという戦果をあげており、このままでは戦功の見返りとして領地の加増を考慮する必要があった。いわば、秀吉は褒美をけちるためにちょっとした不手際にけちをつけたのだ。上杉サイドにしてみれば、このような豊臣政権内部の事情によって褒美にありつけなかったともいえるが、先に佐渡の領有権が認められていたことは、褒美を前わたしされていたともいえ、景勝・兼続主従は秀吉から厚遇されていたことがわかる。

朝鮮出兵

朝鮮出兵は結果的には失敗に終わり、豊臣の天下が崩壊する第一歩となった。

だが、序盤の優勢が逆転するまで、秀吉をはじめほとんどすべての日本人が惨憺たる結果に終わるとは信じず、バラ色の将来像を描いていた。

秀吉は、天正十九（一五九一）年九月十六日、翌年の三月一日を期して朝鮮への出兵を諸大名に下命した。三月一日は、九州征伐に成功して以来、縁起のよい日とされ、秀吉は小田原征伐でも同じ日に出陣している。

景勝・兼続主従は、天正二十（一五九二）年三月一日、五千の兵を率いて春日山城を出立した。京都に半月ほど滞在したのち、四月二十一日、肥前名護屋《ひぜんなごや》（佐賀県唐津市《からつし》）に到着した。

名護屋城は、朝鮮出兵のための前線拠点として秀吉の命令によって築かれ、大坂城に匹敵するほどの巨大城郭が日本西端の僻地に出現した。景勝・兼続主従は名護屋城から北西約二キロのポイントに陣を構えて、朝鮮への渡海に備えた。五千の兵力を率いて名護屋に滞陣という命令は、厳しいか甘いかといえば後者だった。景勝・兼続主従は秀吉から好感を抱かれ、出兵に関する作戦計画の根本を掌握する三成との強力なパイプによって少ない兵力動員で許され、負担を軽減できている。

時間は前後するが、四月十三日、釜山《プサン》に上陸した豊臣勢は無人の広野を行くように進軍し、五月二日には王都漢城《ソウル》（現ソウル）の占領に成功する。その後も占領地を順調に拡大し、七月十六日には平壌《ピョンヤン》を攻略するなど、朝鮮半島の制圧は目前と思われた。秀吉は肥前名護屋城において情勢の推移を見守っていたが、続々と舞い込む勝利の報告に浮足立ち、すでに明国まで制圧した気分となり、後陽成天皇《ごようぜいてんのう》の北京《ペキン》動座《どうざ》まで本気に検討するほどだった。

八月下旬、李舜臣《イスンシン》率いる朝鮮水軍によって豊臣水軍が大敗を喫したころから、攻守逆転の様相を呈した。そして、明国が援軍を朝鮮へ送り、義勇兵がゲリラ活動を開始すると、豊臣勢は占領地を放棄して南へ撤退することをよぎなくされた。

秀吉は、まだ戦局が順調に推移したころ、自身が朝鮮へわたる意志を示したが、前田利家や徳川家康の反対に合い、躊躇しているうちに母親の大政所《おおまんどころ》が危篤となった。七月二十二日、秀吉は大坂へ戻るために肥前名護屋をあとにしたが、死に目にも会えず、葬儀を終えて再び名護屋城に戻ったのは、十月下旬のことだった。つまり、秀吉が家庭の事情で戦地から遠ざかっている間、戦局は逆転され、渡海するチャンスを失ったのだ。

文禄二（一五九三）年六月十七日（一年前の同日渡海説もあり）、景勝・兼続主従は釜山に上陸。景勝は秀吉の名代として朝鮮にわたるとともに、熊川城《ウンチョンソン》の建設を命じられた。このころ、豊臣勢は明・朝鮮連合軍の攻撃を受け、朝鮮半島南部の占領地を確実に守るというように方針を変更していた。のちに「倭城《ウェソン》」と称される最新式の城郭を各地に建設しつつあり、上杉勢も築城工事に動員されたのだ。

八月二十九日、熊川城の工事を終えると、景勝・兼続主従は帰国の途につき、九月八日には名護屋城に到着。秀吉からは越後への帰国を許された。以後、島津義弘《しまづよしひろ》・加藤清正・立花宗茂《たちばなむねしげ》・鍋島直茂《なべしまなおしげ》・小西行長《こにしゆきなが》・黒田長政《くろだながまさ》をはじめ、朝鮮へとわたった武将たちは倭城に立て籠もっての壮絶な死闘を繰り広げ、惨憺たる苦労を味わうことになる。一方、上杉勢が戦闘に参加せずに帰国できたのは、秀吉・三成サイドのよる特別な配慮だった。

秀吉は朝鮮出兵がうまくいかなくなってくると、海外進出への野望をなくすとともに権力者として守りの姿勢に終始するようになる。八月三日の秀頼《ひでより》誕生を期に五十七歳の秀吉は大坂城へ駆け戻り、待望のわが子と対面する。以後、渡海を口にしなくなったばかりか、名護屋城に戻ろうともしなかった。文禄三(一五九四)年春ごろから、秀吉は小便を漏らすなど体調の不良を感じはじめるにつれて、わが子秀頼の行くすえへの不安感をつのらせた。その結果、文禄四（一五九五）年七月十五日、関白の座にあった豊臣《とよとみ》秀次《ひでつぐ》に対して謀叛の罪を着せ、切腹を命じる。秀吉は天下を秀頼に譲るため、いったんは後継者として指名した甥秀次を抹殺したのだ。

文禄五（一五九六）年九月、明国との交渉が決裂すると、秀吉は朝鮮への再出兵を命じた。このころになると、三成らは再出兵が無意味なことと認識していながらも、孤独な独裁者と化していた秀吉の逆鱗に触れることを恐れ、その暴走をとめることができなかった。翌年の正月には、豊臣勢は朝鮮に上陸し釜山をはじめ朝鮮半島南部の拠点を占拠するが、明・朝鮮連合軍の攻勢を凌ぐのに苦心するだけの状況が続く。

朝鮮出兵の失敗により、諸大名の秀吉への反発が強くなるなか、朝鮮への一度の短期間の渡海だけですんだ景勝・兼続主従は、手心を加えた三成と運命共同体に等しいほどの関係になりつつあったといえよう。

蒲生氏郷の死と天下大乱の萌芽

蒲生《がもう》氏郷《うじさと》という一人の戦国武将の死と、景勝・兼続主従が西軍として戦ったこと。この二つの出来事は無縁のように思えても、さまざまな角度から分析し直してみると、意外にも密接な関係をもつことがわかる。

文禄四（一五九五）年二月七日、会津若松城主（福島県会津若松市）の蒲生氏郷は京都伏見の自邸で没した。四十歳という若さであり、当時毒殺が噂された。

織田信長が将来性を見込んで自身の娘を嫁がせるほど、氏郷は若き日から将来を嘱望されていた。秀吉もまた、氏郷の知勇兼備の才能を認めるとともに警戒していた。天正十八（一五九〇）年、氏郷を会津若松城主としたのも、奥羽全域を監督する重責を一任しつつも、遠い奥州《おうしゅう》へ転任さることによって中央から遠ざけたともされる。とはいえ、氏郷の所領は九十二万石にもおよび、豊臣政権内では前田利家や景勝に匹敵する地位を誇っていた。

もしも、五年後の天下分け目の関ヶ原の戦いまで氏郷が生きていたなら、歴史はまったく違う方向へとすすんでいたかもしれない。そんなシミュレーションが成り立つほど、氏郷はこのころの日本における重要人物の一人だった。

氏郷の死後、その子秀行《ひでゆき》が会津若松城主の座を継いだが、十三歳という若年のため、徳川家康と前田利家が後見役となった。利家は、子の利長《としなが》も信長の娘を妻としており、姻戚関係から秀行の後見役となったのに対し、家康は、秀吉の命により娘を秀行に嫁がせ、義父として若い秀行を補佐することになる。

だが九十二万石という大大名の座は、少年に務まるものではなかった。秀行は重臣たちが御家騒動を起した責任を問われ、慶長三（一五九八）年正月、会津若松城主の座を失い、宇都宮城《うつのみやじょう》（栃木県宇都宮市）十二万石への転封《てんぽう》を命じられた。

このころ秀吉は認知症を悪化させており、秀行への大幅な減封《げんぽう》処分は三成主導で行われた。それにともなって多くの蒲生家の家臣が職を失うなか、三成の家臣に引き抜かれた者も少なくなかった。彼らは三成の指示を受けて御家騒動を引き起こし、蒲生家を減封処分に導いたうえ

会津若松城。三年間限定の上杉家の本拠

で、その褒賞として再雇用されたとみなすべきだろう。

蒲生家が去ったのち、会津若松城を与えられたのは、上杉景勝だった。景勝の会津転封は、三成と兼続によって主導されており、両者の関係はこの一件によりさらに不即不離となる。

つまり、蒲生氏郷の死は景勝・兼続主従の会津転封の呼び水となり、そして景勝・兼続主従が越後から会津へ移動したことは、天下分け目の関ヶ原の戦いが勃発する最大の要因となっている。

会津転封　改革路線の終着点

秀吉による朝鮮出兵が進行しているさなかにも、兼続は上杉家の組織改革を推進していた。文禄三（一五九四）年には、家臣全員の禄高を算定して「定納員数目録《じょうのういんすうもくろく》」（『上《うえ》杉《すぎ》氏《し》分《ぶ》限帳《げんちょう》』所収）を作成することで統制の強化を策した。慶長二（一五九七）年には、越後国内全部の検地に着手し、その成果は、全国的に見ても画期的な検地だったと評価される一方、上杉家が越後を去ったのち、春日山城主となった堀氏が検地をやり直したという事実から、不十分なものだったともされる。

景勝・兼続主従は、検地と並行して、二千石前後の複数の重臣たちを職務怠慢の罪によって処断し、領地を没収した。このころ、上杉家は秀吉から朝鮮出兵を免除された代わりに伏見城や城下の工事を下命されていた。重臣たちは、領地の生産高に応じて労働者を伏見まで派遣することを景勝から命じられていたにもかかわらず、サボタージュしたことを職務怠慢と見なされた。

兼続は、領地没収という強権を発動し、保守派に圧力をかけようとした。それほど保守派の抵抗力は根強く、スケープゴートを仕立てても抜本的な解決策にはならなかった。重臣たちの領地を検地しようとしても抵抗が大きく、先祖伝来の土地を守り抜こうとする保守派の抵抗を完全には押さえこめず、景勝を中心とするピラミッド型の組織の完成には至らなかったといえよう。

そんな状況が続く慶長二（一五九七）年の秋から冬のころ、兼続は盟友三成から会津への転封を提案された。

三成は、主君秀吉の死期が一年前後に近づきつつあるという予測のもと、秀吉が死ねば、江戸城主《えどじょうしゅ》（東京都千代田区《ちよだく》）の徳川家康が天下を奪うために動き出すのは確実とみなしていた。そのためには、家康の動きを背後から牽制する必要があると判断し、家康の領土である関東の北に位置する会津へ景勝・兼続主従を送り込もうとしたのだ。

盟友からの提案は兼続にとって一石二鳥のプラス効果が期待され、即座に受けいれた。この転封によって上杉家は、本国越後と北信濃を失う一方、佐渡と庄内《しょうない》（山形県北西部）の領有を引き続き認められ、旧蒲生領（福島県の太平洋沿岸を除く全域と、山形県南部、宮城県白石市《しろいしし》周辺）を与えられた。そして、禄高は九十万石から百二十万石に増加し、しかも宝の山である佐渡の支配も許された。大名にとって禄高が増えることは、力の源泉が強化されることを意味し、景勝・兼続主従に利益をもたらした。

上杉家の人々は、雪国越後からやはり雪国の会津へと引っ越すことになったのだが、同じ雪であっても海沿いの春日山あたりの雪はサラサラしているのに対し、盆地の会津若松や米沢に降る雪は水分が多くて重い。兼続も生まれ育った越後から離れることは辛く悲しいことだったが、故郷を捨てること自体に大きな意味合いがあった。

上杉家の重臣には、自分の所有する領地と同じ姓を名乗る者が少なくない。その代表例が反乱を起した新発田城主の新発田氏であり、彼らは平安時代から鎌倉時代にかけて越後に定住して以来、先祖伝来の土地を守り続けた。兼続の改革路線により既得権益を守ろうとする抵抗勢力を抑え込むことができるようになったものの、改革の総仕上げとして、会津への転封を実行に移そうとしていた。

会津への転封は、上杉家の重臣を先祖伝来の土地から引き離し、あらたに領地を与えることによって主従の上下関係が明確となり、兼続の理想とした景勝を頂点とするピラミッド型の組織の完成が期待されたのだ。

兼続・三成コンビは、徳川家康が本国三河《みかわ》（愛知県東部）から関東へ転封することにより、組織改革に成功して強大な力を蓄えつつある実例を認識しており、家康打倒のために家康と同じような成功例を実行しようとしたともいえる。

狭い家から広い家への引越しは、スムーズに行く。

慶長三（一五九八）年三月、上杉家の人々は雪解けのころ、住みなれた故郷を離れ、新天地である会津へ向けて旅立った。

兼続は、景勝を頂点とするピラミッド型の組織の完成を目的とした。だが大きな見方をすると、組織を作ることは目的を達成するための手段であって目的ではない。

兼続が完全な組織を作ったうえで、どのような長期的戦略を抱いていたかについては、想像に頼るしかない。理想への第一段階として、上杉の領国をさらに拡大して奥州藤原《ふじわら》三代のような独立王国を「北の大地」に築こうとしたことは、その後の行動からも推測できる。いわば兼続の構想は第一段階で頓挫させられたのだが、もしも奥羽から北陸にかけて広大な「上杉帝国」が完成させることができていれば、兼続が盟友三成と雌雄を決し天下を望んだか否かとなると、想像の範囲さえも超えてしまう。

兼続は、現実的に天下取りという夢への具体的なプランニングができないまま、激動を続ける情勢に対処しているうちに、天下分け目の関ヶ原で敗者の一人となってしまった。

秀吉の死と景勝の五大老就任

慶長三（一五九八）年八月五日、死期が近いことを悟った秀吉は、徳川家康・前田利家・毛利輝元・宇喜多秀家《うきたひでいえ》、そして上杉景勝を五大老《ごたいろう》に任じ、自身の死後、遺児秀頼を補佐しながら、豊臣政権を合議によって運営することを遺命した。なお、景勝はこのころ会津若松城で新領国の統治にあたっており、ほかの四人の大老のように秀吉の死に目には会えなかった。

十五日、秀吉は庶民の身から信長によって取り立てられ、ついには天下統一するという波瀾万丈の生涯を閉じた。秀吉の死が会津の景勝・兼続主従へ正式にもたらされたのは、二カ月後のことであり、十月二十三日、景勝は五大老としての任務を果たすため、上洛の途についた。

五大老のメンバーのなかでは、江戸城二百五十万石の領主である家康が実力と人望が群を抜き、豊臣の天下を奪おうとする野心を秘めた「曲者《くせもの》」だった。秀吉は、少年のころからのつき合いがある利家を家康への押さえとして起用したのだが、利家も健康状態に問題があり、多くは期待できなかった。広島城主《ひろしまじょうしゅ》（広島市中区）の輝元は「中国の雄」毛利の当主ではあったが、温厚な人柄で知られ、海千山千の家康の敵ではなかった。岡山城主《おかやまじょうしゅ》（岡山市）の宇喜多秀家は自他ともに認める三成派であり、豊臣家への忠誠心が高かったものの、領地は五十七万石にすぎず、しかも家臣団統制に難があった。いうまでもなく、景勝は親三成派ではあるが、会議の席で弁が立つタイプではなかった。秀吉は自身の死後、五大老の合議による政権の維持を狙ったが、メンバー五人の実力や個性を考察してみると、実力者である利家がいなくなれば、家康が会議の主導権を握るのは明らかだった。

慶長三（一五九八）年の冬には、朝鮮に出兵していた諸大名が帰国した。加藤清正や福島正則らは、朝鮮で苦しい戦いを強いられたのは三成の責任とみなし、激しい敵対心を抱いていたものの、重鎮である利家存命中はおとなしくしていた。だが、慶長四（一五九九）年閏三月三日、利家が病没すると状勢は一転する。その日のうちに、清正らは三成打倒のため挙兵して伏見の石田邸を取り囲んだ。

景勝・兼続主従は、宇喜多秀家・佐竹義宣《さたけよしのぶ》ら親三成派の大名と連携しながらクーデター部隊に対抗したことから、伏見城下は一触即発の危機に瀕した。

家康は清正らの挙兵を背後から操りながらも、紛争の仲介役を名乗り出て、三成が五奉行を辞任して本拠の佐和山城に移るという調停案を提示した。三成は自分に非がないにもかかわらず、家康の調停案を受け入れたため、利家死後の騒動は一応の決着をみた。

それからしばらくは、嵐の前の静けさのような平穏な日々が続いた。そんななか、景勝は家康から帰国の許可を得ると、八月上旬、伏見を出立して、一カ月後には新しい本国である会津へ帰国した。同じころ、父の死後、五大老となった前田利長やほかの大老たちも帰国しており、上方に残ったのは家康のみとなる。五大老の制度は約一年で形骸化してしまい、家康は天下人《てんかびと》の座を手に入れたかのように振舞った。

兼続は帰国の途次、ひそかに三成と会談して今後について語りあったと思われる。二人は別れのときにお互い再会するまでの無事を祈ったであろうが、結果的にはこれが永遠の別れとなった。

第四章　天下人家康との抗争と和解

捏造された上杉謀叛

徳川家康は、豊臣の天下を自分の手にするため、着々と手を打った。

慶長四（一五九九）年九月には、前田利長が豊臣家に対して謀叛を企てているという噂が立つと、家康は前田征伐の準備をすすめるとともに、利長に釈明を求めた。

謀叛の噂は、徳川サイドによるでっち上げであったが、家康は、利家という偉大な創業者を失ってまとまりに欠ける前田家を恫喝すれば屈するだろうという読みのもと、喧嘩をしかけたのだ。

やはり、利長は売られた喧嘩を買うことなく、生母芳春院《ほうしゅういん》（お松《まつ》）を反逆の意図がないことの証明として差し出した。家康は芳春院を江戸に送り、徳川家の人質として前田家が自身に背かないための保険とした。

家康は前田家を屈服させたあと、景勝・兼続主従を第二のターゲットとして選択した。前年の春、上杉家が会津へ移ったとき、家康は三成・兼続コンビの悪意を十分に感じていた。自身の娘婿である蒲生秀行が宇都宮へ左遷され、三成と親しい景勝・兼続主従が会津へ入ってくれれば、喧嘩を売られたのも同然だった。

家康の意図を察してか、越後春日山城主の堀秀治《ほりひではる》が上杉には謀叛の動きがあると家康に訴えた。秀治は、上杉家が越後を去るとき、年貢は徴収しないという取り決めがあったにもかかわらず、半額をもち去ったことに遺恨を抱いていた。上杉サイドにしてみれば、蒲生家も半額を徴収してから宇都宮へ去ったことへの対抗処置だったが、この一件以来、堀家との関係は悪化する一方となる。

加えて、親徳川派の最上義光や伊達政宗は、「上杉は、領内の城を増強し兵器や浪人を集めるなど、謀叛の動きがある」と報告した。最上義光は、豊臣秀次切腹事件に連座して取り潰されそうになったところ、家康の口利きで危機を逃れた恩があった。また、伊達政宗は、上杉とは境界争いを繰り返していたし、一方で娘を家康の子忠輝《ただてる》に嫁がせる約束をしていた。叔父と甥の関係にある義光と政宗は、家康のために上杉謀叛のフレームアップに加担していたのだ。

慶長五（一六〇〇）年三月十三日、謙信の二十三回忌の法要が会津若松城内で行われているさなか、津川城主《つがわじょうしゅ》（新潟県東蒲原郡阿賀町《ひがしかんばらぐんあがまち》）の藤田信吉《ふじたのぶよし》が景勝を見限り、一族を連れて亡命するという事件が起きた。信吉は上洛して「景勝は謀叛を起そうとしている」と証言したため、家康は景勝に対して釈明を求める絶好の口実を得たのだった。

武蔵《むさし》の名族藤田家の出身である信吉は、謙信によって才覚を認められ、沼田城主《ぬまたじょうしゅ》（群馬県沼田市）に抜擢される。だが、御館の乱が勃発すると、上杉家を見限り武田家に内応し、武田家が滅亡すると上杉家に帰参した。佐渡攻めや鉢形城攻めで功績を立てたことから、津川城主となっていた。

景勝・兼続主従は、二度も上杉を裏切った信吉への怒りを抱きながらも、冷静に事後処理にあたった。信吉に同調した大森城主《おおもりじょうしゅ》（福島市）の栗田国時《くりたくにとき》は、上杉領から逃亡しようとしたが、追撃を受けて捕らえられていた。景勝は、国時以下、百二十名全員を殺害し、家中の引き締めをはかっている。

兼続は、家康から売られた喧嘩を買う覚悟を固めつつあった。

直江状は偽造されたか？

戦国乱世の日本において、天下人が自身に逆らう勢力を打倒することを「征伐」と称した。たとえば秀吉による小田原城攻めは、敵対者の姓によって「北条征伐」とも地名によって「小田原征伐」とも称される。

ちなみに、朝鮮出兵についても、かつては歴史用語として「征伐」という言葉が使われていたが、今日では隣国への配慮から使用されないようになっている。また、征伐には悪人を懲らしめるという意味が込められているため、四国や九州の地元住民への配慮から、征伐という表現は避け、四国攻めや九州攻めと表記する傾向もある。

「上杉謀叛」の噂が日本全土を駆けめぐると、景勝・兼続主従は反逆者とみなされ、「会津征伐」もしくは「上杉征伐」が現実となりつつあった。

慶長五（一六〇〇）年四月、家康は、謀叛の意思がない証明として上洛することを景勝に下命するため、側近の伊奈昭綱《いなあきつな》を会津へ派遣した。

伊奈昭綱は、会津若松城内において、以下の疑惑の真偽を景勝に質した。

「領内の道路整備をすすめているのは、他国へ侵攻するための準備ではないか」

「新しく城を築き武器を買い集め、浪人を雇用しているのは、謀叛の準備ではないか」

「越後国内で反乱事件が続発しているのは、越後を取り返すため、旧臣たちを扇動しているのではないか」

「上洛の命令に従わないことも謀叛の意志があるためではないか」

そして、使者の昭綱は、謀叛の意志がなければ誓詞《せいし》を差し出すとともに、弁明のため上洛することを景勝に下命した。家康は、かつて自身が上洛によって秀吉への臣従の証としたように、景勝に対して自身への屈服の意志表明としての上洛を強要しようとしていたのだ。

『上杉家御年譜』によると、景勝自身がこのように回答したと記録されている。

「道路整備は秀吉公の遺命であり、また領主としての責務である」

「新城の建設は会津転封以来の懸案であり、謀叛とは無縁の問題である」

「反乱事件についてはまったく関与していない。かえって、伊達政宗が扇動する上杉領内の反乱事件で迷惑を受けている」

「帰国の許可を得ているのに、またすぐに上洛せよというのは納得できない。領国統治が軌道に乗り次第、上洛する」

景勝は、謀叛の疑惑をきっぱりと否定したうえで、次の一言で反論を締めくくった。

「我々の主張がご理解いただけず、家康公が会津へ軍勢を送ろうというのであれば、それは是非なきことです」

景勝は、前田利長のように屈しないことを言葉で表現し、回答を書状にしたため、徳川サイドに送付した。家康が作成を命じた誓詞とは正反対の「果たし状」ともいえるこの書状は、差出人の名義が兼続になっているため、のちに直江《なおえ》状《じょう》と称される。

直江状は現物が存在せず、写しが数点伝わっているにとどまり、後世に創作された偽文書という説が根強い。江戸時代になってから書き加えられた部分があるのは確実とされ、兼続の下書きのコピーが繰り返されるうち、今日のような形になったと思われる。

全十五カ条におよぶ条文のうち、九カ条目にあたる「田舎武士である我らが槍や鉄砲を準備するのは、上方の武士が茶道具を集めるのに等しく、地方性の違いです。お疑いなきように。武具をたくさん集めることが不似合いであり、景勝が不届きであるという沙汰を下されるなら、これ以上、不似合いなことはありませ

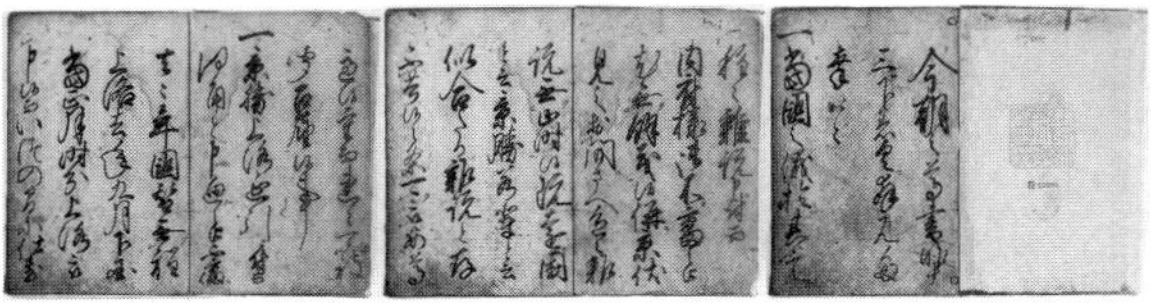

直江状　承応三年版本（東京大学総合図書館蔵）
前文と一カ条目

ん」というくだりは、直江状を象徴する一文として知られる。

上杉家は謙信以来、質実剛健な家風を誇り、茶道のような遊びは軟弱とされ、見向きもしなかった。

ただ、兼続は茶道や連歌の会を繰り返して主催しており、時代を代表する文化人でもあった。茶道を否定しているわけではなく、金に糸目をつけず茶道具を買い集める風潮に否定的だったともいえる。とはいえ、茶道具に付加価値を与え高値に吊り上げた張本人は故秀吉であり、茶道の否定は秀吉批判になりかねない。

直江状が釈明というより、家康の挑発に応じる果たし状のようなイメージを与えるのは、この九カ条目によるところが大きい。だが、茶道の根本を否定するような文を兼続が起草したかという疑問は残される。

状況変化の流れからすると、徳川サイドへ出された上杉からの返書は存在し、それを読んだ家康が激怒したという事実は、前後の状況から確実だと思われる。ただし、今日伝えられている直江状は、書写の段階で書き換えや書き足しが行われた確率が高く、すべての兼続の起草と考えるのは危険で、精査の必要があるだろう。

ちなみに、茶道への理解が低く、つき合い程度で茶会に参列していたのは、直江状が送られた徳川家康のほうだった。

会津征伐発令

家康は、景勝・兼続主従が売られた喧嘩を敢然と買ったという事実に対し、即座に反応した。慶長五（一六〇〇）年六月六日、諸大名を大坂城内に集め、会津征伐への従軍を命じた。上杉家は自身ではなく、豊臣秀頼《とよとみひでより》に対して謀叛を起そうとしているという大義名分を得て、秀頼の名で上杉家を討伐しようと策した。このころの家康は、天下簒奪の野心は隠し、あくまでも豊臣家の忠実なナンバー2を装うことで広範な支持を得ようとした。

六月十八日、会津征伐のため、家康は大坂城から出陣した。その配下には、以下のような大名たちが参陣する。

尾張清洲城主福島正則、三河吉田城主《よしだじょうしゅ》（愛知県豊橋市《とよはしし》）池田輝政《いけだてるまさ》、三河岡崎城主《おかざきじょうしゅ》（愛知県岡崎市）田中吉政《たなかよしまさ》、遠江浜松城主《とおとうみはままつじょうしゅ》（静岡県浜松市）堀尾吉晴《ほりおよしはる》、遠江掛川城主《かけがわじょうしゅ》

（静岡県掛川市）山内一豊、駿河府中城主《ふちゅうじょうしゅ》（静岡市葵区《あおいく》）中村一氏《なかむらかずうじ》、甲斐府中城主（山梨県甲府市）浅野幸長《あさのよしなが》、伊予松前城主《いよまさきじょうしゅ》（愛知県伊予郡松前町《まさきちょう》）加藤嘉明《かとうよしあき》、肥前唐津城主（佐賀県唐津市）寺沢広高《てらざわひろたか》、伊予板島城主《いたじまじょうしゅ》（愛知県宇和島市《うわじまし》）藤堂高虎《とうどうたかとら》、豊前《ぶぜん》中津城主《なかつじょうしゅ》（大分県中津市）黒田長政、丹後宮津城主《たんごみやづじょうしゅ》（京都府宮津市）細川忠興《ほそかわただおき》。

彼らの多くは、三成打倒を掲げて結束する一派であり、親三成派の上杉家を「征伐」することに躊躇はなかった。また、細川忠興や黒田長政らは、朝鮮半島で苦しい戦いを強いられたにもかかわらずほとんど報酬を受けられなかったのに対し、ほんの数カ月渡海しただけの貢献度の低い上杉家が大幅な禄高の加増を受けたことに敵愾心を燃やしていた。

兼続は、盟友三成と強力なパイプを作ることが上杉家の繁栄につながると判断していたが、一方では、三成との一蓮托生路線が多くの敵を作るというマイナス作用をもたらしている。

対する家康は、福島正則をはじめ東海道沿道の諸大名の軍勢を糾合しながら、東海道を進軍し、七月二日には本拠の江戸城に到着した。

家康は、五方面から上杉領へ同時に侵攻する作戦を立案する。

白河口《しらかわぐち》　本隊　徳川家康・福島正則ほか　七万名
津川口　北国勢　前田利長・堀秀治ほか　五万八千名
仙道口《せんどうぐち》　佐竹勢　佐竹義宣ほか　三万六千名
信夫口《しのぶぐち》　伊達勢　伊達政宗ほか　二万九千名
米沢口　最上勢　最上義光ほか　一万二千名

徳川方の総計が二十六万余名に対し、上杉勢の兵力は、農民を徴集しての総動員体制を布いても七万にすぎなかった。もしも、家康の命令通りに諸大名が上杉領に攻め入ったら、どんなに必死に抵抗しても二カ月が限界であり、秀吉による征伐を受けた小田原城の北条氏のように降伏せざるをえなかった。

だが、兼続には十分な勝算があった。

徳川方のうち、佐竹義宣は親三成派に属し、謙信の時代から同盟関係にあったため、素直に家康の命に従うとは思えなかった。ほかでは、前田利長は家康への協力を誓いながらも、本拠の金沢城を動く気配はなく、最上義光も家康方に属しながらも情勢を観望《かんぼう》する気配が濃厚だった。伊達政宗だけは、かつて自分の支配地だった上杉領を奪い取ろうと活発に動いていたものの、徳川有利になってから火事場泥棒のように動くことが予想された。

つまり、徳川方のうち会津領に本気で攻め入ろうとしているのは本隊七万だけであり、総勢七万の上杉勢のうち二万を各方面の守備にあて、主力五万を白河口に投入できれば、逆転勝利への可能性が開けてくる。

兼続は、白河城（福島県白河市）の南方に位置する皮籠原《かわごはら》（福島県白河市）という広大な原野を決戦の地として想定した。巨大な野戦陣地を構築し、徳川方を蟻地獄のような罠に引き込み、一気に殲滅する作戦を練り上げていた。皮籠原には、このときに築かれた野戦陣地が部分的に残され、兼続による壮大な徳川勢迎撃作戦の一端を知ることができる。

景勝・兼続主従は、家康が上杉領へ攻め入ってくると信じ、手ぐすねを引いて待ち構えていたが、徳川方は関東平野の中央に位置する小山《おやま》（栃木県小山市）で進撃をやめ、会津征伐は無期延期となる。

とだった。

三成との密約　攻守同盟の全容

家康が三成挙兵の第一報を入手したのは、慶長五（一六〇〇）年七月十九日前後のことだった。

十二日、三成は盟友の大谷吉継と佐和山城内で密談した。三成が家康打倒のクーデターを起こす決意を固めていることを明かすと、吉継は反対したが、三成の決意が固いことを知り、協力することを誓った。親三成派の宇喜多秀家が反家康に立ち上がったのをはじめ、五大老の一人である毛利輝元を味方として担ぎ出すことに成功する。七月十七日には、「内府違《ないふちが》ひの条々《じょうじょう》」（豊臣政権への謀叛人として家康を征伐することを命じた書状）が全国の諸大名にあてに発送された。家康の元に到着したのは二十四日のことだったが、家康は石田方の内応者からの情報提供により、数日早く三成挙兵を知っていた。

二十一日、家康は予定通り会津征伐のため江戸城を出陣。二十四日、小山で三成挙兵の正式情報を入手したため、進撃の中止を下命した。翌二十五日、従軍中の諸大名を集めて三成挙兵への対応策を評議（小山評定）したところ、福島正則が家康への協力を誓い、ほかの者たちも正則に同調した。以後、正則らは三成打倒のため、家康の命を受けてともに戦うことになる。

さて、天下分け目の関ヶ原の戦いでは、両軍ともに多くの誤算が生じ、どちらかというと、誤算にうまく対処できた家康が勝利し、三成が敗北した。

家康は、三成挙兵の呼び水として上方を留守にするために会津征伐を実行したという考えがある。だが、このような歴史の見方は、結果から導き出された妄想に等しい。家康にとって三成挙兵は想定内の出来事であったとしても、毛利輝元までが石田方に味方したことは想定外だった。北からは上杉、西からは三成に挟撃《きょうげき》されるという非常事態に対処するため、上杉勢が南下したときに備え、黒羽城《くろばねじょう》（栃木県大田原市《おおたわらし》）と宇都宮城を中核とした防御陣地の強化を厳命した。八月四日、家康は、対上杉の防衛網が強化されつつあることを確認すると小山を出発し、翌日には江戸城に到着していた。それから情勢を見極めるため、家康は二十六日の間江戸城を動かなかった。三成挙兵という展開に対処するため、慎重に行動したのだ。

一方の三成にしてみると、徳川方がもう少し上杉領土に接近するか、もしくは戦闘が開始されてから挙兵するのがベストタイミングだったが、結果的には挙兵は十日から半月ほど早く、上杉方に接触することなく安全地帯である小山から江戸城へ引き返してしまった。

もしも現代のように敵味方の動きを瞬時に把握できたなら、三成は兼続と連絡を取りながら、最良の時期に決起できたであろう。しかし、このころは国内で起きた事件でさえ、数日のタイムラグを経て情報が伝達されるため、そのあたりの見極めは難しかった。

兼続と三成が家康打倒のための密約を結んでいたか否かは、多くの謎が残される。密約の詳細は別にして、景勝・兼続主従が越後から会津へ転封されて以来、三成とは切っても切れない一蓮托生の関係になっていたのは否定できない。そのため、兼続は家康からしかけられた喧嘩を買おうとしたとき、会津征伐が開始されれば盟友三成も動くに違いないという読みがあったのだろう。

ただし、二人が面と向かって会話したのは一年以上前のことで、以後、情勢は急速に進行する。書状による情報や意見の交換ができても、半月以上のタイムラグがあり、密にコミュニケーションを取るのは不可能な状態に置かれていた。

つまり、両者は家康を共通の敵とする密約を結んでいたものの、いつ、どのように行動するかを詳細に定めることなく、流動する状況を分析しながら最善の方法を選択して行動に移すしかなかったのだ。

なぜ、上杉勢は徳川との直接対決を回避したか？

会津征伐を前にして、景勝が上杉領南端に位置する長沼城《ながぬまじょう》（福島県須賀川市《すかがわし》）で敵軍の動きを見定めようとしていたのに対し、兼続は白河方面で徳川方との決戦に備えていたとも米沢城にいたともされ、その所在は定かではない。

会津征伐が中止になったという情報が上杉方にもたらされた時期は不詳であり、七月二十五日の小山評定から早くても三日後、遅ければ八月になってからのことかもしれない。

八月五日、兼続は長沼城に馬を疾駆させて移動した。景勝に対し、三成挙兵に呼応して関東へ侵攻し、徳川と雌雄を決することを進言したが、「もしも関東に侵攻すれば、伊達や最上に背後を突かれる。後方の安全を確保してから、関東へ攻め込んでも遅くはないだろう」と、関東南下作戦を否定したため、主君の命に従わざるをえなかった。

兼続は、景勝の絶対的信任を受け、上杉家を動かし続けてきたが、徳川との決戦を前にして両者の情勢認識は相違したということになる。

まず、『上杉家御年譜』を見てみると、このあたりの事情についてはまったく語られていない。景勝が関東南下作戦に反対するというシーンは『北越軍記』などの信憑性の低い史料によって、景勝の反対によるというシンプルな結論となっており、事実か否かは確認できない。

景勝・兼続主従の情勢認識が相違したという説は、江戸時代になってから創作された確率がきわめて高い。

徳川の天下が続く江戸時代の米沢藩では、景勝が初代藩主として尊敬の対象とされたのに対し、家康に刃向かった兼続の存在はタブー視された。家康への敵意から徳川との戦いに固執する兼続に対し、大局的見地から暴走を抑えようとする景勝という図式を強調するため、景勝・兼続主従の対立というシーンが捏造されたと思われる。

兼続は盟友三成を助けるため、家康との早期決戦を挑もうとしたという認識も再考すべきだろう。

その後、兼続は最上領への北上作戦の準備を開始する。家康は上杉勢が南下する危険はないと判断し、九月一日、江戸城から出撃し、決戦の地関ヶ原を目指した。十五日には三成との決戦に勝利し、天下人の座をつかんでいる。つまり、上杉勢が家康の背後を脅かすという任務を放棄したことが家康の江戸城出陣を可能にさせ、家康勝利の一因となったのは紛れもない事実である。別の見方からすると、もしも上杉勢が南下していたら、家康は江戸城から身動きがとれず、三成優位に情勢は進行していたに違いない。

このように三成が敗北するという歴史の推移を知っていれば、兼続は盟友三成のために家康の背後を脅かすという役割を最優先していただろう。だが、七月の挙兵の段階で三成の敗北が決定していたわけではなく、さまざまな誤算は生じていたものの、決戦に敗れるまで一進一退の攻防が続いていた。つまり、関ヶ原の第一報が半月遅れで伝えられるまで、兼続は三成が窮地に陥りつつあるとは知らなかった。

そのため、早期の関東南下作戦の必要性を認めず、中央の情勢よりも上杉家の地力を強化することを優先した。その結果、ターゲットとして選択したのが山形城主《やまがたじょうしゅ》（山形市）の最上義光だった。

上杉勢の進路に待ち構える敵は、南方の徳川を除けば、最上義光のほか岩出山城主《いわでやまじょうしゅ》（宮城県大崎市《おおさきし》）の伊達政宗、春日山城主の堀秀治が想定された。旧領の越後では、上杉家旧臣たちが反乱を起こしてゲリラ活動を展開しており、旧領である越後奪還には大きな障害はなかった。つまり、いつでも奪還できるのであれば後回しでもよく、混乱状態にある越後方面からは敵はこないという判断も手伝い、優先順位が下になっている。

最上と伊達を比較すると、かつての「奥州の覇者」政宗よりも義光のほうが武将としての総合ランクは下だった。また、兼続の居城である米沢城から山形城へは近いという地理的環境からも、最上が第一のターゲットとして選択された。

最上を攻めながら、援軍にかけつける伊達勢も撃ち破り、最上・伊達の動きを封じ込めたうえで、関東南下作戦に移行する。このように後方の敵を一撃したうえで、前方の強敵を倒す戦法は内線作戦と称され、強敵に囲まれたときの常套戦術とされる。上杉謙信が織田信長との決戦を前にして、関東への「越山」を予定していたのも、内線作戦の一例といえる。最上や伊達の動きを封じるための一撃も与えないまま、対徳川戦を開始するには、作戦としての無理が大きく、兼続が関東南下作戦の即時実行を景勝に進言したという話は、後世の捏造だと思われる。

未完の対徳川戦

兼続は南の徳川を叩かず、北の最上を攻めた。だが、もしも上杉勢が関東侵攻作戦を決行していたら、どのような結果になっていただろうか。

上杉ファンであれば、関東に乱入して破竹の勢いで進撃し、佐竹勢と合流して江戸城を取り囲むというシーンを思い描くだろう。

まず手はじめに、関東南下作戦に使用可能な上杉勢の動員兵力を推察すると、最上や伊達への備えに戦力を割かざるをえず、総兵力七万のうち、四万が限界にちかい。佐竹義宣三万の援軍が参加しても、兵力的には徳川勢にか

敵将最上義光が本拠とした山形城

なわなかった。家康の禄高は二百五十万石にもおよび、少なめに見ても総兵力は十万、総動員体制に移行すれば、十五万の兵士をかき集められた。精鋭を誇る上杉であっても、倍にもおよぶ兵力差は大きく、上杉勢が快進撃できるとは思われない。

家康は、七月二十四日から小山で十日滞在したのち江戸城に戻っているが、この間、上杉勢の南下に備えた陣地構築を命じている。兼続が皮籠原に迎撃陣地を作ったように、家康もまた、黒羽城を中心にして那須《なす》高原一帯に防御陣地の構築を下命した。黒羽城には壮大な規模の空堀と土塁《どるい》が残され、上杉勢が攻めてきても抵抗しうる要塞の姿が今日に伝えられる。黒羽城以外にも那須高原一帯には、迎撃陣地が要所に配置されている。

このころ、検地によって農村支配の仕組みが強化されていたことから、大量の農民を徴発することが可能となり、両軍ともに大規模な陣地を築造することができた。つまり、家康の小山滞在は十日間にすぎないのだが、これだけの期間があれば、強力な防御陣地のアウトラインを築くことも不可能ではなかった。

もしも、上杉勢が八月上旬の段階で関東南下作戦を開始していたとしても、黒羽城を中心とする防衛ラインで足踏みをさせられ、対峙する状況が続いたと思われる。なんとか黒羽城を攻略できたとしても、次は宇都宮城を中心とする防衛ラインが待ち構えており、江戸城への道は果てしなく遠かった。

ところで、天正十一（一五八三）年の賤ヶ岳の戦いでは、羽柴（豊臣）勢と柴田勢は、北近江の山岳地帯で陣地を築いて向かい合い、翌年の小牧の戦いでも同じようなパターンの陣地戦《じんちせん》が繰り広げられている。戦国時代の合戦では、陣地戦となるケースが多く、兼続による関東南下作戦が実行されたとしても、賤ヶ岳の戦いや小牧の戦いのような陣地戦となり、長期戦となった確率が高かったであろう。

家康が小山を去ってからは、八月二十四日まで徳川秀忠が宇都宮城で上杉方の南下に備え、以後は宇都宮城主の蒲生秀行と結城城主《ゆうきじょうしゅ》（茨城県結城市）の結城秀康《ゆうきひでやす》が防衛ラインの守備にあたった。家康の次男である秀康は少年時代から人質として秀吉のもとで育ち、三成とも親しい間柄にあって、兼続は秀康が味方になるという期待もあったらしい。とはいえ、結城家には家康の息がかかった重臣たちが主君秀康を監視しており、秀康個人の感情で結城家を動かすことは不可能だった。

さまざまな状況を考慮してみると、関東南下作戦は成功する確率がきわめて低いにもかかわらず、「景勝が徳川勢を追撃しなかったのは、退却する敵を追うのは義に反する」という理由で対徳川戦を中止したという解釈もある。

まず、徳川方の本隊が会津征伐を中止した小山は、上杉領から百キロ以上離れた安全地帯である。つまり、徳川方への攻撃は退却する敵を攻撃する追撃ではなく、通常の進撃行為であり、しかも中間には幾重もの防衛ラインが築かれ、小山まで到達するには多くの難関が待ち構えていた。

よって、上杉勢が関東南下作戦を実行しなかったのは、景勝が反対したからではなく、勝算が低かったからと考えられる。

また、佐竹義宣は、上杉勢が南下しなかったため中立の姿勢を堅持していたが、徳川領との境界近くには、防御拠点と進撃拠点をかねる強力な城を急造しており、いざとなれば対徳川戦に参加する覚悟を固めていたことがわかる。対する徳川方も、佐竹領との境界の城を厳重に防御しており、このころに築かれた城跡を訪れてみれば、一触即発の緊張状態が続いた様子がしのばれる。

長谷堂城攻防戦

兼続は、会津征伐中止後の情勢を見極めたうえで、対最上戦を開始するため、慶長五（一六〇〇）年九月三日、米沢城に戻り、配下の者たちに最上家の本拠である山形城攻略のため出陣することを下命した。

上杉勢の主力部隊は、七月下旬まで徳川方の侵攻に備え、領内の南方に布陣しており、周囲の敵対勢力への警戒をしながら北の最上を攻めるため、数万単位の軍勢を移動させるには、一カ月以上の日数を必要とした。人と馬が移動手段である時代、道路も未整備だったことから、部隊を迅速に動かすことはできなかった。

十一日、兼続が率いる三万の上杉勢は、最上家の本拠である山形城を目指して北上を開始した。十三日には、最上方の畑谷城《はたやじょう》（山形県東村山郡山辺町《ひがしむらやまぐんやまのべまち》）に対して総攻撃を加え、その日のうちに攻め落としている。兼続は勝利に乗じて部隊を北上させ、十六日には最上方の長谷堂城《はせどうじょう》（山形市）に対する攻撃態勢を整えた。

長谷堂城は、山形盆地の南端の丘陵地帯に築かれ、この城を落とせば山形城までは平地が続くという立地条件にあった。いわば、上杉勢の侵攻をくいとめる蓋のような役割を果たしていたため、敵将義光は重臣の志村光安《しむらみつやす》を配し、城の死守を厳命している。

兼続は、長谷堂城の守りが堅いと判断すると、北方約二キロに位置する丘陵を本陣と定め、周囲に包囲のための陣地を築くことを下命した。このころの城攻めでは、城内からの反撃や、援軍として駆けつけてくる敵軍への対処のため、包囲の陣地を築くことは常套手段であり、兼続は城攻めの基本に忠実だったと評価できる。

結果として、長谷堂城を半月以上も包囲しながら、攻略することはできなかった。そのため、「長谷堂城程度の城」を攻め落とせなかった兼続は、城攻めの基本も知らず、武将としての能力は劣るという見方もあるらしい。

まず、長谷堂城がどの程度の城なのか分析してみると、このようになる。頂上の本丸を中心にして曲輪《くるわ》が雛壇のように配置されるのに加え、山麓部には一周にわたり、堀と土塁が築かれて防御の要となっている。山麓部の強力な防衛ラインには、上杉との関係が緊迫するなか、急造されたと思われる。籠城兵の戦力は諸説分かれるが、千名の士気の高い兵士が配置されれば、長期の籠城戦に耐えられる構造だった。

その一方、兼続が味方の犠牲を覚悟して総攻撃をかければ、一日の戦闘で決着がつく

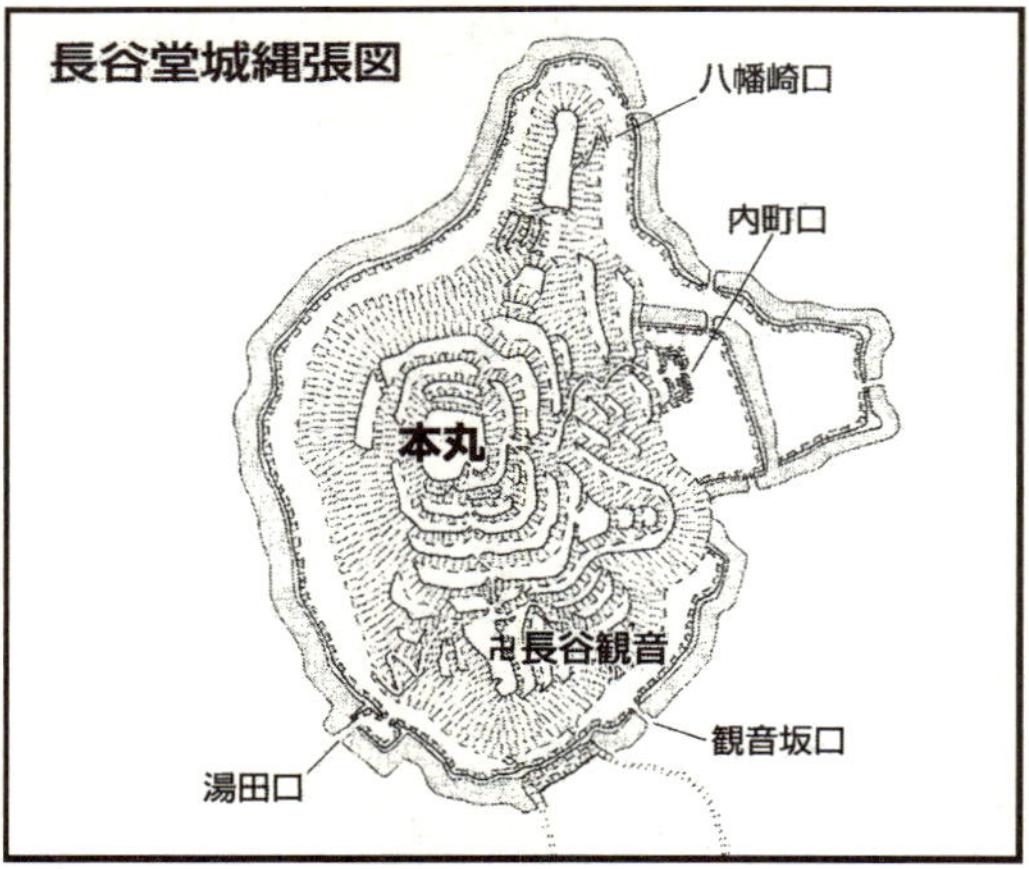

程度の城でもある。兼続は、味方の損害を抑えながら効率よく城を攻略するチャンスを狙っていた。また、上杉勢が総攻撃をしかければ、山形城から最上の本隊が駆けつけ、背後から攻撃される危険も十分に配慮する必要があった。伊達政宗が叔父義光からの要請に応じて派遣した二千の援軍も、二十二日には長谷堂城外に到着した。最上勢と協同して上杉勢に反撃を加えようと虎視眈々と待ち構えていた。

兼続は、長谷堂城を包囲しながら、山形城の義光の動向に細心の注意を傾けていた。別の見方をすれば、長谷堂城を餌にして、山形城から最上勢の主力を誘き出して撃滅すれば、最終目標である山形城の攻略も容易になる。兼続はそんな思惑を秘めながら長谷堂城を包囲していたのだ。ただ漫然と時間を費やしていたのではない。つまり、長谷堂城攻めにおける兼続の采配を低く評価する考え方は、まったく的外れといえよう。

兼続は、会津若松城で最上攻めの推移を見守っている景勝に対し、戦況を書状にして報告しているが、そのなかで「美濃方面における戦闘で徳川方が不利になれば、最上も弱気になるだろう」と、三成頼みの弱気な一面も見せている。

兼続と義光との間で息詰まるような駆け引きが続くなか、想定外の情報が奥羽の地に伝えられる。

家康も称賛した撤退戦

慶長五（一六〇〇）年九月十五日、関ヶ原において石田方と徳川方により、天下分け目の一戦が繰り広げられた。中盤までは、高地に布陣する石田方の優勢が続いたものの、小早川秀秋《こばやかわひであき》の徳川方への内応によって情勢は一変する。石田方は総崩れとなり、戦いは一日で決着がついた。

「三成敗北」の第一報が会津若松城にもたらされたのは九月二十九日のことであり、長谷堂城攻撃中の兼続のもとへ早馬で悲報が伝えられたのは翌三十日だった。

兼続は、三成が優勢になれば最上攻めも楽になるという希望をもっていたが、結果は正反対となり最悪の状況へ陥る。最上方にも「家康勝利」の知らせが同じ日に伝えられると、沈滞ムードは吹き飛ばされ反撃に転じようとしていた。

なぜ三成は敗れたか、三成はどうなったかなど、盟友への思いが交差したが、兼続には感傷に浸っている余裕はなかった。敵地である長谷堂城外から米沢城まで、いかにして撤退するかが、目前に迫った課題となる。

撤退作戦は、軍事行動のなかで成功率が低く、もっとも指揮官の腕が問われる。関ヶ原の戦いにおいて、石田方が統制のとれた状態を保ち三成の居城である佐和山城まで撤退できていれば、少なくとももう半月、戦いは続いただろう。だが、三成は撤退作戦に失敗し、石田方は総崩れとなった。そのため、三成は伊吹《いぶき》山中を一人さ迷って捕らえられ、十月一日、家康の命によって処刑された。

撤退作戦の失敗は、桶狭間《おけはざま》の戦いで敗死した今川義元、厳島《いつくしま》の戦い（広島県廿日市《はつかいち》市《し》）での陶晴賢《すえはるかた》をはじめ、多くの実例があげられる。一方、豊臣秀吉がまだ木下藤吉郎《きのしたとうきちろう》と名乗っていたころ、「金ヶ崎《かねがさき》（福井県敦賀市《つるがし》）の退《の》き口《くち》」と称される撤退作戦を成功させたことは、数少ない成功例として知られる。

「殿《しんがり》」となることを志願した秀吉は、追撃する敵を振り払いながら、本隊の撤退を助けるとともに、自身も奇跡の生還を果たした。それまで戦下手《いくさべた》と見なされていたが、撤退作戦成功の立役者となり、一人前の戦国武将として世間から認められている。秀吉は、戦国史上、数少ない撤退作戦で名を上げた武将といえるが、兼続もまた、困難な撤退作戦によって武将としての評価を確定させることになる。

撤退作戦のおり、部隊の最後尾に位置して敵の追撃を阻止する「殿」は困難な役割であり、その成否が部隊全体の安否の鍵を握っていた。殿は決死の覚悟を固めなければ達成できない反面、もしも討ち死にすれば殿部隊は壊滅し、本隊が敵の攻撃を受けることになりかねない。殿部隊の指揮官には状況に応じた瞬時の判断が求められるため、知勇兼備の実力者でなければ務まらない大役だった。

くしくも盟友三成刑死と同日の十月一日、兼続は長谷堂城外からの撤退作戦を開始する。作戦成功を握る殿に前田慶次が名乗りをあげると、兼続は深い信頼をよせる慶次に殿の大役を託した。

慶次は、前田一族でありながら当主の利家とは相性が悪く、浪人となっていたところ、兼続と意気投合して上杉家の家臣にスカウトされた。佐々成政との末森《すえもり》城《じょう》の戦い（石川県羽咋郡宝達清水町《はくいぐんほうだつしみずちょう》）で武功を立てて以来、天下無双の豪傑として知られるとともに、ド派手な衣装で京・大坂の町を闊歩したことから、「傾《かぶ》奇者《きもの》」としても一世を風靡した。天下人秀吉をも恐れない傾奇者は、盟友兼続のために一肌脱ごうと、長谷堂城攻防戦に参戦したのだ。

天下無双の豪傑として知られた慶次が命がけの殿に名乗りをあげたということは、兼続が魅力的な人物へ成長していたことの証明でもある。慶次だけではなく、与板衆をはじめ兼続の人柄に魅入られ必死に尽くそうとする上杉家

長谷堂城。撤退作戦の始発点となる

の戦士たちは、兼続にとってのかけがえのない財産であり、彼らの活躍により困難な退却作戦は成功へと導かれていく。

撤退作戦では、勢いに乗じて追撃する敵の動きをいかにしてとめるかが、成否を分ける鍵となる。

兼続と慶次は、まずは最上勢に痛撃を与えてから退却するという作戦を立てた。兼続は、自身の死が全軍崩壊につながることから最前線には立たず、慶次にすべてを託すことにした。

十月一日、最上義光は山形城から出撃し、みずから追撃戦の指揮を取った。慶次は敵の進撃ルート上に鉄砲隊を配置し、最上勢が接近すると一斉射撃を加えた。銃撃によって最上勢がひるむと慶次は先頭に立って突撃し、赤柄《あかえ》の槍《やり》を振るって多くの敵をなぎたおした。

義光は勢いに乗じて深入りしたことを後悔し、退却しようとする。だが、最上勢は混乱状態に陥り、義光自身が冑《かぶと》に銃弾を受けるほど戦いは熾烈をきわめた。ようやく、嫡男の最上義康《もがみよしやす》の率いる部隊が救援に駆けつけたため、義光は窮地を脱することができたものの、この一戦によって、兼続の思惑通り、追撃する最上勢の動きは緩慢になっている。

それでも執拗に追撃する最上勢に対し、上杉勢は必死に抵抗しながら米沢城を目指して後退した。兼続は、撤退ルートとの中間にあたる高玉《たかだま》(山形県西置賜郡白鷹町《にしおきたまぐんしらたかまち》)において、全軍の指揮を取るとともに、前線から引き揚げてくる兵士たちを迎えている。

四日、兼続は米沢への帰還を果たした。出陣時には三万を数えた軍勢が帰還時には一割目減りしていたが、それだけの損害ですんだことは、兼続の統率力によるところが大きい。兼続は、撤退すべきと判断すれば、部隊を安全な後方へ全速力で後退させ、深入りした敵の先頭部隊に対しては反撃を加えるように命じ、敵の追撃を防いだ。

敵将義光は「直江は少しも臆することもなく、冷静に撤退をはじめた。退却の様子もあわてることなく、勢いに乗る最上勢を数多く討ち取り、上杉領へ引き上げていった。このようなことは、謙信以来の武勇の強さが伝えられている証明なのだと深く感銘した」と語ったと、『最上義光物語《もがみよしあきものがたり》』に記されている。出典は後世に成立した伝記物語のため史実としての裏づけがとれないものの、敵も驚愕するほどの見事な采配だったことがわかる。

のちに兼続が家康に謁見したとき、「あっぱれ、汝は噂以上の武功の者である」と撤退作戦の成功を称賛されたと伝えられる。

コラム　「天下無双の豪傑」前田慶次の実像とは？

劇画『花の慶次―雲のかなたに―』の主人公である前田慶次には、三十代前後の層を中心にして熱烈なファンが存在する。兼続の名を慶次の盟友として知った歴史ファンも少なくないだろう。

慶次は実在の人物ではあるが、末森城の戦いや長谷堂城からの撤退作戦に参戦したことは事実として確認できるものの、劇画や、その原作ともいえる隆慶一郎の『一夢庵風流記』における壮快無比な活躍の大半は伝説とフィクションによっている。慶次の活躍のうち後世に語り継がれた伝説は、『加賀藩史料』「第一編」の慶長十（一六〇五）年十一月十九日、慶次が没した日付の項目で十四ページにわたり、そのすべてが記載されている。

慶次は、豊臣秀吉に謁見したとき、天下の傾奇者がただ頭を下げるのは名折れになるため、髷《まげ》を真横へ水平に結うことにより、顔を横に向けながら頭を下げても髷は上を向いているように見せたという。このエピソードも『加賀藩史料』に掲載されており、どのようなエピソードにもとづき、劇画が創作されたかという流れがわかり興味深い。

堂々たる降伏

兼続が率いる本隊は、上杉領内へ無事に撤退できたものの、庄内方面では、最上勢が火事場泥棒のように上杉方の拠点に攻撃を加えた。上杉方の庄内における重要拠点である尾浦城《おうらじょう》（山形県鶴岡市《つるおかし》）が陥落するなど、最上勢の執拗な攻撃は降雪によって両軍ともに身動きが取れなくなるまで続いた。

叔父義光とともに東軍に属する伊達政宗は、慶長五（一六〇〇）年七月二十五日、上杉方の白石城《しろいしじょう》（宮城県白石市）を攻略するが、その後は、わずかな援軍を最上勢に送る程度で、以後は日和見の姿勢に終始した。九月三十日、政宗のもとへも関ヶ原の結果が伝えられると、現在の福島県北部の上杉領を奪い取ろうと策謀したが、上杉勢によって撃退され、火事場泥棒に失敗している。

兼続は、十月二十日には会津若松城で景勝に謁見して今後の基本方針について相談した。上杉家中には、「佐竹と連携して江戸城を攻撃すべき」という強硬策を唱える者も少なくなかった。だが、景勝・兼続主従は、降りかかる火の粉を払いながら、情勢の変化に応じて和平への道を模索するという結論で一致する。

北国に住む人々にとって雪はマイナス効果をもたらすことが圧倒的に多いものの、この年の雪だけは、上杉家に大きな幸運をもたらした。

家康は、十月十五日には戦後処理策を発表し、西軍方の大名の領地を没収するとともに、味方となった大名の領地の加増を約束した。また、自身が下した命令の通り、大名たちが引越し作業をするか否かの確認作業を優先させ、景勝への処置を後回しにした。日本全国が引越し作業に追われているうち、北国には雪が降りはじめ、春の到来まで自動的に休戦状態となり、景勝・兼続主従は当面の危機を回避することができた。

冬の間、伏見上杉邸に駐屯する千坂景親《ちさかかげちか》を通じて徳川サイドとの折衝が行われ、まず重臣の本庄繁長《ほんじょうしげなが》が上洛して謝罪の意志を表した。このころになると、上杉家の存続は確実となり、あとは減封の額と西国に転封されるか現在の上杉領にとどまれるかが問題として残されていた。

慶長六（一六〇一）年の春になっても、景勝は動かなかった。あまり早く動いても足元を見られる、かといってじっと動かなければ、家康が会津征伐を下命することになる。七月一日、景勝は兼続をともなって会津若松を出陣する。二十六日、大坂城内で家康に謁見して謝罪の意志を表した。一年半前、景勝が家康からの上洛命令を拒否したことは、関ヶ原の戦いを誘発する要因となったのだが、それからすったもんだがあったすえ、景勝は上洛して家康に頭を下げることになった。

八月十六日、家康は「名族上杉家を取り潰すのは惜しまれる。また、景勝の堂々たる謝罪の態度は非の打ち所がない。会津百二十万石のうち九十万石を没収し、米沢城三十万石の領有を認める」という処分を公表した。やはり、西軍に属した五大老の毛利輝元も同じ割合の減封処分を受け、広島から毛利領内の山口への移転を下命された（二年後に萩《はぎ》へ再移転）。上杉への処分は、妥当な量刑といえよう。

なお、家康に反抗する姿勢をみせた佐竹義宣もまた上洛して謝罪することとなり、その結果、水戸城《みとじょう》（茨城県水戸市）を没収され、久保田《くぼた》（秋田市）への転封を命じられている。

前回の春日山から会津へは、狭い家から広い家への引越しだったが、今回は広い一軒屋からワンルームマンションへの引越しに等しく、上杉家再生への道程は果てしなく遠かった。

上杉家三十万石の城下町・米沢の創生

米沢への転封の命令を受けた四日後の慶長六（一六〇一）年八月二十日、景勝は、四分の三という禄高の大幅な削減という難局に対処するため、引き続き兼続に全権を委託することを内外に公表した。

禄高の大幅削減という危機を招いたのは、盟友三成との一蓮托生路線を選択した兼続の責任であり、上杉家中のなかには兼続の責任を問う声もあっただろう。一方では、長谷堂城からの撤退作戦での名采配により兼続への信頼感はさらに高まり、「兼続以外、この苦境を救ってくれる者はいない」という期待感から、反対派も兼続の命に従わざるをえなかった。

そして、誰よりも責任を痛感しているのは兼続自身であり、「不言実行」の覚悟を固め、この難局に対処しようとしていた。

広大な上杉領のうち、会津領は家康の娘婿である蒲生秀行に与えられて無事に引きわたされ、秀行は会津若松城主へ復帰した。庄内領は、東軍に属した褒美として最上義光に与えられ、佐渡は幕府の直轄領となった。上杉領として残されたのは、現在の福島県北部と山形県南部だけだった。

　兼続は、上杉家の「再建」を断行するうえで、基本的には雇用調整という名の首切りを行わず、希望退職を募るだけにとどめた。上杉家の禄高が九十万石から百二十万石に加増されたとき、会津から宇都宮へ減封のうえで転封された蒲生家の家臣を大量に雇用したのだが、蒲生家が会津へ復帰するとともに、その大部分が蒲生家へ復職した。そのため、残された家臣は九十万石分という計算も成り立つ。

　そして、三十万石への減封処分に対応するため、家臣たちに禄高をいままでの三分の一にすると通達した。これは、九十万石分の家臣を三十万石で雇うためには、三分の一の禄高にするという計算基準によるのだろう。兼続自身の禄高は六万石から二万石へと減らされるところ、率先垂範のため五千石にとどめたともいう。

米沢城。関ヶ原の戦い後の上杉家の本拠

禄高よりも目前に迫った問題は、それまで直江家六万石のサイズで規格された米沢の城下町に上杉家三十万石分の家臣と、その家族たちを収容することだった。一部の家臣は、福島の城下町への移動を下命した。六千名におよぶ家臣とその家族たちのなかで、寺や町屋を仮の住まいとして提供された者は恵まれており、身分の低い武士たちは急造された掘立小屋での生活を強いられた。季節は冬へと向かっていたが、彼らは兼続を信じて耐え、春の到来を待った。

兼続は、武家屋敷建設を急ピッチで進行させるとともに、身分の低い武士たちは、城下の南側にあたる未開拓の土地に集住させ、武士でありながら、農民のように田畑を耕して自給自足させることで生活の維持をはかった。原方衆《はらかたしゅう》と称された武士たちは、城下に住む武士たちから「肥《こ》え桶担《おけかつ》ぎ」と差別されたが、たくましく生き、天下泰平の時代になっても、上杉家の侍としての誇りを忘れることはなかった。

上杉家再生と恩人の死

慶長七（一六〇二）年の正月、上杉家の人々は、米沢でのはじめての新年を迎えた。

いまだ新しい生活の基盤は建設途上ではあったものの、ようやく希望の光が差し込みつつあった。

兼続が企画した城下町米沢の都市プランは、以下のようなものだった。

城下の東側を流れる松川《まつかわ》は、天然の堀としての役割を果たしていたが、氾濫に備え、都市上水や農業用水としての使いやすくするため、堤防を築く。

米沢城は、正方形の本丸を中心にして、その周囲に二の丸を配置。さらに城下町の武家屋敷エリアを取り囲むように外堀を築き、三の丸とする。石垣《いしがき》は利用せず、建設資金と工期を節約できる土塁とする。壮大な天守は建設せず、本丸隅の三重櫓《さんじゅうやぐら》で代用する。

武家屋敷は、折れ曲がった道や丁字路《ていじろ》を多用し、敵の侵入を防ぐ。屋敷地《やしきち》は、より多くの家臣を限定された空間に居住させるため、現代の分譲地のように短冊《たんざく》を並べたような地割《じわり》とする。

商人町は、三の丸の外縁部にもうける。屋敷地は広めにとり、家の裏での畑作を許す。

寺町は、城下町全体を囲うようにもうける。外敵の侵入時には、望楼《ぼうろう》を利用して敵の侵入を防ぐ。

兼続は、堤防や城下町の建設工事の陣頭指揮に立つこともあり、辛苦をともにしたと伝えられる。ただし、兼続は外交折衝のため、米沢を留守にして江戸や上方に滞在する期間も長く、つねに米沢で工事の進行を見守ることはできなかった。折れ曲がる街路や城下町の外側に寺町を配置するといった都市計画は、ほかの城下町と共通しており、兼続の独自色は見出せない。

新田開発により農業生産の拡充をはかった。新田開発はほかの大名家でも積極的に推進された農業政策であり、上杉家でも一定の成果を収めている。

なお、兼続の命によって松川の河畔に建設された「直江石堤《なおえせきてい》」は、そのように呼ばれたのは近代になってからで、兼続の存在がタブー視された江戸時代には、直江石堤と呼ばれることはなかったという。

また、兼続は『四季農戒書《しきのうかいしょ》』(『大日本古文書』所収)を作成し、農民たちに対し、一月から十二月まで、それぞれの月に行うべき作業や心がけを示したという。その冒頭には「上杉の殿様を太陽とみなし、代官や領主は氏神さまのように崇拝し、村役人を親と思え」と記され、全体的には「贅沢はせず、質素倹約に励み、しっかりと年貢を納めよ」という流れになっている。領主が農民へ通達する手引書としては、ありきたりのような気もするが、『四季農戒書』を本当に兼続が作成したのなら、農民へ手引書の先駆けとして価値が高い。

米沢城と城下町の建設が開始され十年がすぎたころ、家臣たちや領民の生活は安定し、大減封による危機を乗り越え、上杉家は再生された。

慶長九（一六〇四）年五月五日、造営中の米沢城内で景勝の第一子定勝が誕生した。その三カ月前には正《せい》室《しつ》のお菊が病没し、公卿《くぎょう》の娘である生母も産後の肥立ちが悪く、三カ月後に亡くなった。母親のない定勝は、兼続の妻お船によって育てられたという。

慶長十四（一六〇九）年二月十五日、米沢城下の建設も完成に近づきつつあるころ、米沢城内で仙桃院が病没する。享年は不詳であるが、四十九歳で没した弟

直江石堤。兼続の命によって建設された堤防

謙信より、三十一年も長生きした。

江戸参勤中《さんきんちゅう》の景勝は、母親の死に目に会えなかった一方、米沢城の外堀建設の指揮を取っていた兼続は、世に出るきっかけを与えてくれた恩人を見送ることができた。生前の仙桃院は、息子の景勝と息子のような兼続に対し、さまざまなアドバイスを与えたという。それが真実であれば、年老いた母や恩人を元気で長生きさせるための思いやりだったのではないだろうか。

上杉家生き残りへの苦肉の策

現代では、「苦肉の策」という言葉は、窮余の策、もしくは苦心の策という意味で利用されることが圧倒的に多い。だが、出典である『三国志』で自己犠牲をともなう策として記されている以上、「苦肉の策」は、本来の意味を理解したうえで使うべきだろう。

兼続が本多正信《ほんだまさのぶ》の次男である政重《まさしげ》を直江家の養子に迎えたことは、まさに自己犠牲をともなう「苦肉の策」だった。

兼続は、徳川家との降服交渉の段階から、徳川家のナンバー2は誰なのかを冷静に分析した結果、本多正信が徳川家を動かしていると判断して接近した。いわば、石田三成が豊臣家で果たしていた同じ役割を徳川家で演じているのが正信だった。

対する正信もまた、慶長六（一六〇一）年八月、謝罪のため上洛した兼続と出会って以来、同じナンバー2としての共感も手伝い、兼続の存在に興味を示した。

その後、正信はこのような高度な政治的判断によって兼続と接近する。

関ヶ原の戦いでは、伊達政宗と最上義光はともに家康に味方したが、政宗には「奥州の覇者」復帰への野望が強く、義光も論功行賞で領地を加増されることによって侮りがたい勢力となるだろう。奥羽における潜在的脅威となる伊達と最上への押さえとして利用するため、苦しい状況にある上杉家に救いの手を差し伸べる。恩を売ることにより、上杉家は徳川家に忠義を尽くすことになるだろう。そのためには、上杉家の実質的な指導者であり、こちらの意図が理解できる兼続の利用価値は高い。

兼続は正信の意図を見抜き、その距離感を縮めていった。三成亡きいま、新しい盟友と出会ったような錯覚を抱きながらも、正信とはあきらかな上下関係があることも悟らざるをえなかった。

慶長九（一六〇四）年八月、城下町の建設も一段落ついたころ、正信の次男である政重が放浪の旅の途中、米沢の町を訪れた。『上杉家御年譜』では偶然の出来事のように記録されているが、兼続と正信が仕組んだ芝居であることは間違いない。兼続は主君景勝の許可を得て、政重を直江家の養子とし、長女のお松を嫁がせることにした。

兼続は、妻お船との間に一男二女をもうけており、長男の景明《かげあき》は、病弱ながらも十二歳に達し、養子を迎える必然性は低かった。にもかかわらず、正信との関係を強化するため本多家から養子を迎え入れたのだ。長男の存在を消してまで他人を養子として迎えたことは、家族に犠牲を強いることになり、まさに「苦肉の策」だった。

慶長十四（一六〇九）年六月、幕府は上杉家に対し、三十万石のうち十万石分の軍役を免除することを通達する。

軍役とは、戦時に引き連れる軍勢の基準であるとともに、幕府が平時に諸大名へ命じる公共事業の割当額を決定する基礎数値でもある。そのため、軍役の軽減は、大名にとって出費の抑制につながる将軍家からの恩恵を意味した。

現在の日本では、中央政府が集めた税が地方へと供給されて公共事業の資金となっているのに対し、江戸時代の日本では、地方政権である大名が中央政府である幕府の命によって、首都江戸の都市建設や幕府直轄の城郭を造営する義務を負っていた。幕府は、外様大名の経済力を消耗させるため、軍役を基準にして城や都市の建設に酷使していたのだが、上杉家には特例として軍役の三分の一を免除した。

この知らせを受けると、米沢では武士だけでなく領民までも喜悦したと、『上杉家御年譜』には記録されている。幕府の上杉家への厚待遇が正信主導によるのは間違いなく、兼続の「苦肉の策」による大きな成果だった。

家康の最後の目的である豊臣家との一戦が六年後に迫るなか、徳川家から褒美を前わたしされた景勝・兼続主従は、来るべき一戦では必死に奮戦することを義務づけられた。長女お松が病没してしまったため、九月には、兼続の実弟にあたる大国実頼《おおくにさねより》の娘が政重に嫁いだ。兼続は、長女に先立たれるという悲しみに合いながらも、本多家との関係を保つため、姪までも政略結婚に利用した。

その一方、十二月には、長男の景明と膳所《ぜぜ》城主《じょうしゅ》（滋賀県大津市《おおつし》）の戸田氏鉄《とだうじかね》の娘との婚儀が決定する。仲介役となったのは、やはり正信だった。氏鉄は幕府の実力者の一人であり、その娘を妻とすることは、景明が直江家の跡継ぎとして幕府から公認されたこと意味する。正信は、景勝・兼続主従の徳川への忠誠心に偽りがないと判断し、兼続の家族の犠牲によって成り立っていた不自然な養子縁組の解消へと動いていたのだ。

翌慶長十五（一六一〇）年十二月二十五日、将軍秀忠《ひでただ》が江戸桜田《さくらだ》の上杉邸を訪問し、盛大な饗応を受けた。将軍の来臨を仰ぐことは大名にとって最上の栄誉であり、この祝賀式も正信主導によって実行へと導かれている。

慶長十六（一六一一）年六月、兼続と正信との懸け橋となっていた政重は、その使命を終え、江戸へ戻った。その後、政重は前田家に重臣として迎えられ、外様最大の禄高を誇る前田家の監視役となっている。また、加賀本多家は前田家の重臣として無事に明治維新を迎えている。

大坂冬の陣　戦国最強上杉軍団の意地

家康は大坂城を手に入れることを人生最後の大仕事とし、関ヶ原の戦いに勝利してから、着々と包囲の輪を縮小していった。来るべき豊臣家との一戦に備え、徳川家は多くの城を築くが、慶長十九（一六一四）年春には、越後高田城《たかだじょう》（新潟県上越市）の新築を決定する。家康は、孫の松平忠直《まつだいらただなお》が城主を務める北庄城（福井市）に加え、新築する高田城には六男の松平忠輝を配することにより、外様最大の禄高を誇る前田家の領地を挟み込み、豊臣方として参戦することを不可能にしようと策したのだった。

高田城の造営には、信濃や奥羽の大名に動員命令が下され、上杉家にも労働力の提供が命じられた。高田城は、かつて上杉家が本拠とした春日山城の麓に位置し、工事の監督にあたった上杉家の侍たちは、十六年ぶりに故郷へ帰省する機会に恵まれている。ただし、造営は突貫工事ですすめられ、越後への出張部隊は、わずか半年で新しい故郷である米沢に戻った。

徳川家と豊臣家との最終決戦が近づきつつあるなか、十月二日、景勝は将軍秀忠の命に応じ、留守を兼続に

大坂城。大阪夏の陣で陥落。豊臣家は滅亡

任せ、江戸に向けて米沢を旅立った。景勝一行は、通常の参勤の旅装だったのだが、四日には、秀忠から大坂城攻めに従軍せよという命令が発せられたため、自身は江戸へ急ぐとともに、米沢の兼続に対し、準備を整えて出陣するように下命した。

八日、出陣命令が米沢に届くと兼続は準備にとりかかり、十五日には第一陣が大坂城に向けて出陣した。十八日には全軍が米沢を後にした。命令が届いてから全軍出撃まで十日しか要しておらず、このあたりの手際と段取りのよさは、兼続の腕の見せ所だった。

二十日、景勝は本隊の到着を待たずに江戸を出立した。途中、先行する景勝と本隊は合流し、総勢五千の上杉勢は十一月六日には大坂城外に到着。戦国史上最後の一戦に備えた。

結果として、大坂冬の陣は小競り合い程度に終始し、十二月十九日には徳川家は豊臣家との間で停戦協定を結んでいる。上杉勢が武名を天下に高めた鴫野《しぎの》の戦い（大阪市城東区《じょうとうく》）は、小競り合い程度の大坂冬の陣のなかでは、最大規模の激戦が繰り広げられている。

大坂冬の陣では、上杉勢は大坂城北側エリアへの布陣を命じられていた。家康は、景勝には豊臣方の鴫野砦を攻略し、佐竹義宣に対しては隣接する今福砦《いまふくとりで》（大阪市城東区）を攻め落とすことを下命した。十一月二十六日未明、上杉勢と佐竹勢は、豊臣方の砦への攻撃を開始する。

上杉勢が鴫野砦の一角を攻め破り優勢に立ったのに対し、佐竹勢は今福砦から反撃を受け、しかも、大坂城内から戦上手として名高い後藤又兵衛《ごとうまたべえ》の軍勢が砦の救援に駆けつけて佐竹勢に襲い掛かったため、劣勢に立たされた。総大将の佐竹義宣が陣頭に立って采配を振るっても、佐竹勢は後藤勢に押され続けた。

景勝は佐竹勢の危機を知ると、救援部隊を編成した。後藤勢の側面を攻撃させると、後藤勢の攻勢に歯止めがかけられ、佐竹勢は態勢を整えることができた。その後も、一進一退の攻防が繰り広げられたものの、冬の短い日が落ちようとするころ、後藤勢が大坂城に退却したため、鴫野の戦いは幕を下ろした。上杉勢と佐竹勢は多くの死傷者を出したが、砦を奪い取るという戦術目的は達しており、この戦いの勝者の座を勝ち得ている。

鴫野の戦いでは、兼続は鉄砲隊を率い、遊撃部隊として縦横無尽の活躍をした。敵勢を横から銃撃することでその動きを封じ込めることを任務とし、的確な状況判断で戦いの勝利に貢献している。

大坂冬の陣は、景勝・兼続主従にとって、豊臣家との戦いというより、徳川家からの信頼を得るための一戦だった。そういう意味では、鴫野の戦いで活躍することによって家康・秀忠父子から功績を評価され、目的を達成することができたといえよう。

翌慶長二十(一六一五)年五月七日、真田幸村は徳川勢の本陣に捨て身の突撃を敢行。家康を討ち死に寸前まで追い込みながら、壮絶な討ち死にを遂げた。少年時代の幸村を知る兼続は、幸村の最期を知り、時の流れの速さと無常さを感じたに違いない。その翌日には大坂城は陥落し、豊臣家は滅亡。ここに戦国の乱世にピリオドが打たれ、天下泰平の時代が到来する。

途切れた血脈

兼続は、大坂夏の陣の終結とともに、大きな仕事を終えた。しかし、ほっと一息つく間もなく、後継者の景明の病状が悪化するという悲劇に見舞われる。慶長二十(一六一五)

年七月十二日、懸命の介護も実らず、景明は二十一歳の若さで亡くなった。長女に続き次女も病没しており、兼続・お船夫婦は不幸にもすべての子に先立たれたことになる。

実家の樋口家には、養子にふさわしい候補が存在したにもかかわらず、兼続は、名族直江家を自分たち夫婦の代で断絶する覚悟を決めた。関ヶ原の戦いの後、大幅な減封処分を受けた上杉家を存続の危地から救ったのは兼続であったとしても、盟友三成との一連托生路線によって、窮地に陥れたのも兼続だった。

兼続は、自分の責任を痛感しながらも職務を放棄することなく、上杉家の再生のために全力を傾注した。そして、上杉家再生と徳川将軍家との関係修復という目的を達成したいま、敗戦の責任を取り、自身の功績を功績として残さないため、直江家を取り潰すという非情の手段を選択する。十四年前、天下分け目の一戦に敗れたとき、兼続は責任を一身に負う覚悟でいたが、不言実行の美学を貫いたのだ。「有言実行」などという造語があるが、ホラを吹いてなにもできなければこれほど美しくないことはそうはあるまい。

元和二（一六一六）年正月、家康は鷹狩りのさなか倒れた。景勝は駿府城《すんぷじょう》（静岡市葵区）に赴いて家康を見舞った。同じころ本多正信も病に伏しており、兼続は上杉家再生の恩人を見舞った。四月十七日、家康病没。享年七十五。六月七日には主君の後を追うように正信も病没。享年七十九。一つの時代は、確実に終幕を迎えつつあった。

元和四（一六一八）年正月、兼続は景勝の参勤に従い、江戸へ向けて米沢を出立した。結果として、この旅立ちが思い出多き米沢の町との永遠の別れとなる。

翌元和五（一六一九）年五月、景勝・兼続主従は将軍秀忠の先駆けとして上洛した。兼続はこのころから体調不良に悩まされていたが、平常時のように業務にあたった。しかし、その無理がたたってか、江戸に戻ってからは病床につくようになった。景勝が招いた医師たちの必死の治療も功を奏さず、十二月十九日、六十年の生涯を閉じた。

兼続より三歳年上のお船は、夫と子どもたちの菩提を弔うために出家し、その後、十八年の生涯を送った。

仙洞院は、夫上条政繁が上杉家を出奔して以来、弟景勝の庇護を受けていたが、弟に看取られながら、元和八（一六二二）年十月二十三日、米沢城内で病没。数少ない肉親を亡くした景勝の痛手は大きく、翌元和九（一六二三）年三月二十日、景勝も米沢城内で病没した。享年六十九。

景勝の死後、二十歳に成長した嫡男の定勝が上杉家の当主に就任した。江戸で暮らすお船は、まだ若い定勝を後見役として補佐したという。

幼少時、母を亡くしてお船に育てられた定勝は、肉親に等しい思いを抱き、寛永《かんえい》二（一六二五）年には、三千石の化粧領《けしょうりょう》を与えている。女性への「寡婦年金」としては異例の額であり、軍役の義務や家臣雇用の必要がないため、一万石の領地を与えられたに等しかった。

上杉家の人々は、兼続に対しては複雑な思いを抱いていたが、お船には敬愛の情を抱き続けた。

そして、寛永十四（一六三七）年正月四日、定勝に看取られ、お船は八十一年の生涯を閉じる。前夫の突然の死にはじまった波瀾万丈の生涯だったが、夫兼続をはじめ、多くの人たちの「愛」に恵まれ、幸福な生涯を送ったのではないだろうか。

お船の死により兼続没後も続いた直江家の歴史にピリオドが打たれるが、その後の上杉家にまつわる歴史についてももう少々おつき合い願いたい。

お船は兼続の創建した米沢城下の徳昌寺《とくしょうじ》に夫とともに葬られたが、お船の死から五年後、徳昌寺は林泉寺《りんせんじ》（山形県米沢市）と境界争いを起したすえ、定勝の命によって取り潰され、直江夫妻の墓は林泉寺へ移された。定勝は、米沢城下の寺院のなかで、林泉寺を最上位とするため、不本意ながらも母のように慕うお船の菩提寺を取り潰したのだ。この一件は、兼続の功績が忘れられ、家康に背いた謀叛人というイメージが根付く第一歩となる。

寛文《かんぶん》四（一六六四）年、定勝の子綱勝《つなかつ》は、後継者を定めないまま病没する。本来ならば改易《かいえき》処分となるところ、綱勝の甥にあたる綱憲の四代藩主就任が許されたのだが、禄高は十五万石に半減された。綱憲の母は、定勝の四女として生まれ、高家《こうけ》の吉良上野介《きらこうずけのすけ》のもとに嫁いだ。つまり、綱憲の実父は、赤穂《あこう》事件の敵役として名

林泉寺に移された直江兼続・お船夫妻墓。墓石は万年塔と称される独特の形式

高い吉良上野介だったのである。

上野介が浅野内匠守《あさのたくみのかみ》に江戸城内で切りつけられ、元禄《げんろく》十四（一七〇一）年、赤穂浪士によって討ち取られるという一連の事件のなかで、綱憲は苦しい立場に置かれたものの、重臣たちの補佐によって米沢十五万石の安全は保たれている。

上杉鷹山の藩政改革や、戊辰戦争《ぼしんせんそう》での米沢藩の動きなど、上杉家にまつわる歴史は興味が尽きない。

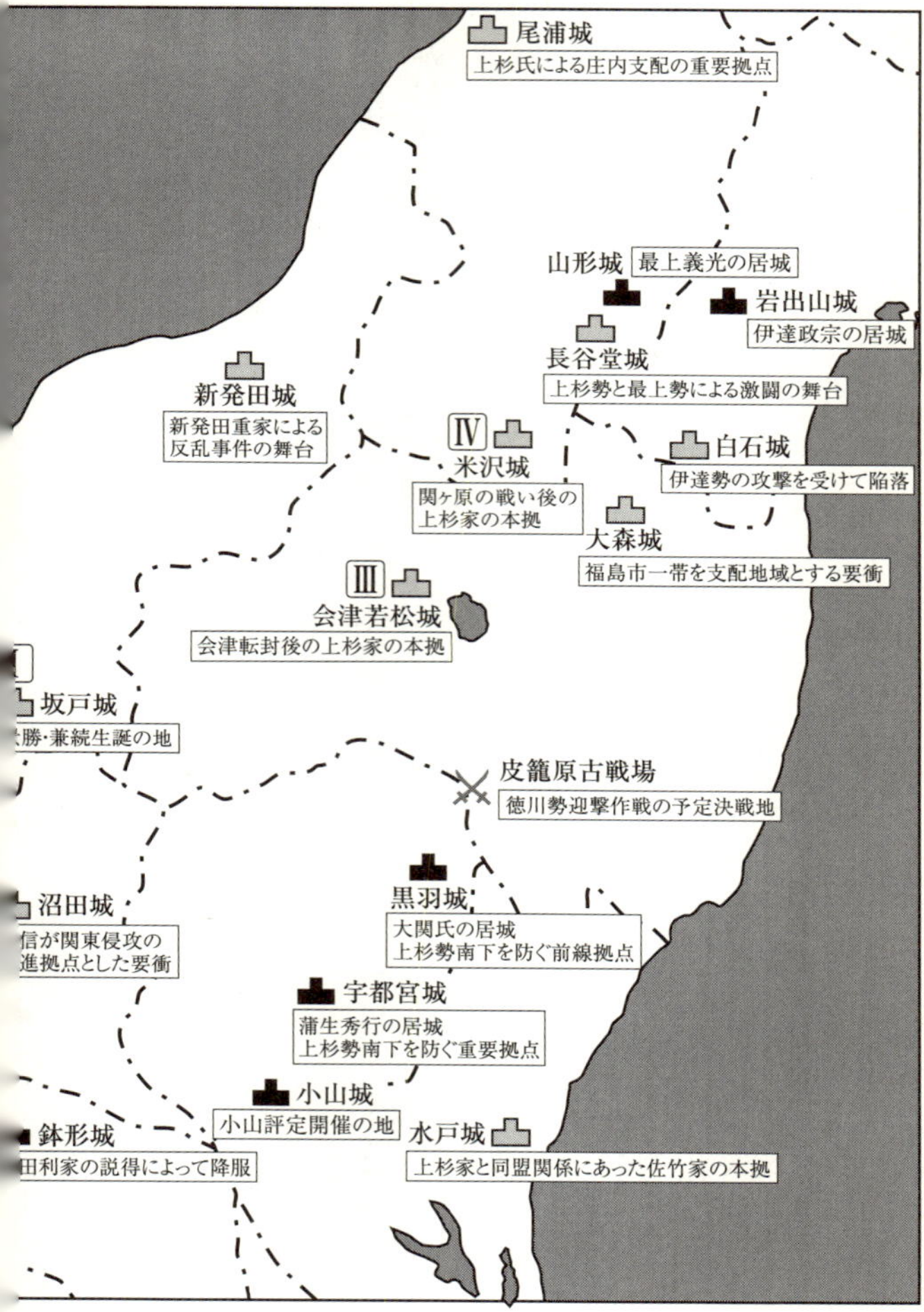

尾浦城
上杉氏による庄内支配の重要拠点
山形城
最上義光の居城
岩出山城
伊達政宗の居城
長谷堂城
上杉勢と最上勢による激闘の舞台
新発田城
新発田重家による反乱事件の舞台
Ⅳ
米沢城
関ヶ原の戦い後の上杉家の本拠
白石城
伊達勢の攻撃を受けて陥落
大森城
福島市一帯を支配地域とする要衝
Ⅲ
会津若松城
会津転封後の上杉家の本拠
坂戸城
勝・兼続生誕の地
皮籠原古戦場
徳川勢迎撃作戦の予定決戦地
黒羽城
大関氏の居城
上杉勢南下を防ぐ前線拠点
沼田城
信が関東侵攻の
進拠点とした要衝
宇都宮城
蒲生秀行の居城
上杉勢南下を防ぐ重要拠点
小山城
小山評定開催の地
鉢形城
田利家の説得によって降服
水戸城
上杉家と同盟関係にあった佐竹家の本拠

直江兼続 関連史跡地図
=直江兼続に関連する城郭や古戦場
=反上杉方の城郭
Ⅰ～Ⅳ は、上杉景勝の居城の変遷を示す
七尾城
謙信が苦心して攻め落とした要衝
Ⅱ
春日山城
上杉謙信・景勝の居城
鮫ヶ尾城
上杉景虎最期の
落水城
秀吉・景勝
初会見の地ともいう
前田利家の居城。
兼続は初上洛のときに接待を受ける
金沢城
魚津城
織田勢の攻撃を
受けて陥落
富山城
佐々成政の居城
飯山城
北信濃における
上杉方の重要拠
手取川古戦場
手取川の戦いでは
謙信が柴田勝家に圧勝
海津城
本能寺の変による
混乱に乗じて攻略
松井田城
上杉勢の猛攻を受けて陥
木曾福島城
木曾義昌の居城
義昌の反乱は武田家滅亡の導火線となる
武田勝頼最期の
岐阜城
織田信長の属城の一つ
躑躅ヶ崎館
武田信玄・勝頼の居城
田野古戦

直江兼続　年表

和暦（西暦）	年齢（数え）	事項
永禄三（一五六〇）	一歳	樋口兼豊の長男として誕生する。幼名（通称）は与六。
四（一五六一）	二歳	第四次川中島の戦い。上杉勢は武田勢と激戦を展開する。
七（一五六四）	五歳	長尾政景水死。義弟上杉謙信による暗殺か？
元亀元（一五七〇）	十一歳	謙信は北条氏康の子を養子として迎え、景虎と名乗らせる。
天正元（一五七三）	十四歳	信玄病没。このころ上杉景勝の近習に抜擢される。
五（一五七七）	十八歳	手取川の戦い。上杉勢は織田勢に圧勝する。
六（一五七八）	十九歳	謙信が後継者を定めないまま病没。 御館の乱勃発。景勝は宿敵景虎と死闘を展開する。
七（一五七九）	二十歳	調停の名乗り出た上杉憲政が景勝方に斬殺される。 景勝方は御館を攻略。景虎の妻（景勝の姉）が自害する。 景虎は鮫ヶ尾城で自害する。御館の乱は終息へ。 武田勝頼の妹が景勝の妻に迎えられる。
八（一五八〇）	二十一歳	景勝の側近として重用される。
九（一五八一）	二十二歳	直江実綱が春日山城内で殺害される。 お船を妻に迎え、与板城主直江家を相続する。
十（一五八二）	二十三歳	武田勝頼が織田勢の侵攻を受けて自害する。 上杉方の魚津城が柴田勝家によって攻略される。 織田信長が明智光秀の謀叛によって自害する（本能寺の変）。 上杉方は善光寺平に進出して海津城を占拠する。

	十一（一五八三）	二十四歳	景勝は羽柴（豊臣）秀吉と攻守同盟を締結する。 賤ヶ岳の戦い。秀吉は宿敵柴田勝家を滅亡へと追い込む。
	十二（一五八四）	二十五歳	小牧の戦い。秀吉は徳川家康と対峙するが、決着はつかず。
	十三（一五八五）	二十六歳	秀吉は越中遠征により、佐々成政を降服へと導く。 景勝・兼続主従は、越後に来訪した秀吉に謁見か？ 徳川勢は上田城に攻撃を仕掛けるが、撃退される。
	十四（一五八六）	二十七歳	景勝・兼続主従は上洛し、秀吉に臣従を誓う。 上條政繁が兼続との抗争に敗れて秀吉の元へ亡命する。
	十五（一五八七）	二十八歳	秀吉は九州に出兵し、島津家を服従へ導く。 景勝は新発田氏を滅亡させ、越後一国を平定する。
	十七（一五八九）	三十歳	景勝は佐渡に渡海して全島を制圧。銀山の開発に着手。
	十八（一五九〇）	三十一歳	上杉勢は小田原攻めに参陣。松井田城・鉢形城などを攻略。
	二十（一五九二）	三十三歳	朝鮮出兵のため肥前名護屋城へ出陣する。
文禄	二（一五九三）	三十四歳	朝鮮へ出兵するが、三カ月の在陣で帰国を許される。
	三（一五九四）	三十五歳	上杉家の家臣全員の禄高を算定する「定納員数目録」を作成する。
	四（一五九五）	三十六歳	会津若松城主の蒲生氏郷が病没。子の秀行が相続する。 豊臣秀次が謀叛の嫌疑を受けて自害を強いられる。
	五（一五九六）	三十七歳	秀吉は朝鮮への再征を下命。
慶長	二（一五九七）	三十八歳	越後全域の検地に着手。
	三（一五九八）	三十九歳	景勝は春日山城より会津若松城への転封を命じられる。 景勝の会津転封にともない、米沢六万石の城主となる。

慶長 三（一五九八）	三十九歳	豊臣秀吉病没。景勝は五大老の一人に列する。
四（一五九九）	四十歳	前田利家病没。石田三成は反対派によって失脚。
五（一六〇〇）	四十一歳	上杉家は謀叛の嫌疑を受ける。 直江状を送付し、徳川家康に宣戦布告する。 三成挙兵にともない、会津征伐は中止となる。 最上方の長谷堂城攻撃中に三成敗北を知り米沢へ撤退する。
六（一六〇一）	四十二歳	景勝・兼続主従は、謝罪のため上洛。 上杉家は米沢三十万石への転封を命じられる。
八（一六〇三）	四十四歳	家康は征夷大将軍に任じられる。
九（一六〇四）	四十五歳	上杉定勝が景勝の長男として誕生する。
十四（一六〇九）	五十歳	本多政重を養子に迎え、長女を嫁がせる。 上杉家は幕府より軍役三分の一の免除を受ける。 仙桃院(景勝の母)が病没。
十五（一六一〇）	五十一歳	養子の政重が直江家を去り、その後、前田家の重臣となる。
十九（一六一四）	五十五歳	大坂冬の陣に参戦。鴫野の戦いで奮戦。
元和 元（一六一五）	五十六歳	大坂夏の陣。上杉勢も出陣するが、後方警備に終始。
二（一六一六）	五十七歳	家康病没。本多正信病没。
五（一六一九）	六十歳	江戸屋敷において病没。
九（一六二三）		景勝病没。定勝が米沢上杉家二代藩主に就任する。
寛永 十四（一六三七）		お船病没。

参考文献・ブックガイド

本項では、兼続の生涯をよりくわしく知る、もしくは調査・研究への第一歩とするため、役に立つ書籍を紹介する。［1］小説の項目以外は、参考とした書籍一覧もかねる。

［1］小説

火坂雅志『天地人』上下、日本放送出版協会、二〇〇六年
平成二十一（二〇〇九）年NHK大河ドラマ原作。

南原幹雄『謀将 直江兼続』上下、徳間書店、二〇〇五年
途中までは史実通りに歴史は展開するが、景勝・兼続主従が対徳川戦に踏み切るという歴史シミュレーション小説。

童門冬二『直江兼続――北の王国』上下、学陽書房、二〇〇七年

［2］研究書

花ヶ前盛明『新潟県人物小伝 直江兼続』新潟日報事業社、二〇〇八年

著者は、兼続研究の第一人者。一次史料に依拠して生涯がわかりやすくとかれる。

花ヶ前盛明編『直江兼続のすべて 新装版』新人物往来社、二〇〇八年

年譜・人名事典・史跡事典などのデータが充実している。後発の類書と読みくらべてみると、同書に深く依存している例もあることがわかり、興味深い。

阿部洋輔編『戦国大名論集9 上杉氏の研究』吉川弘文館、一九八四年

〔3〕市町村史

市町村史は、自治体が編纂した地方史研究の集大成である。市町村史は、兼続をよりくわしく知るとともに、研究への第一歩として、欠かすことができない。市町村史は、発行した自治体と近隣の図書館、都道府県立クラスの図書館に所蔵され、閲覧とコピー（申請書を作成。有料）が可能。東京近郊であれば、国会図書館よりも、都立中央図書館のほうが簡便。インターネットを活用すると、所蔵の有無を確認できる。

上越市史編さん委員会編『上越市史 通史編2 中世』上越市、二〇〇四年

同前『上越市史 通史編3 近世1』上越市、二〇〇三年

編纂時期が新しく、カラー写真が多用されている。越後時代の兼続を知るには欠かせない。

同前『上越市史 史料編3 古代・中世』上越市、二〇〇二年

同前『上越市史 史料編4 近世1』上越市、二〇〇一年

同前『上越市史 別編1 上杉氏文書集1』上越市、二〇〇三年

同前『上越市史 別編2 上杉氏文書集2』上越市、二〇〇四年

『上杉氏文書』をはじめ、上杉氏にまつわる一次史料を年次別に網羅。編纂時期が新しいことから、ほかの史料集よりも読解しやすい。

上越市史専門委員会中世史部会編『上越市史叢書9 上越の城』上越市、二〇〇四年

与板町編『与板町史　通史編　上巻』与板町、一九九九年

直江景綱・お船父子、与板衆、与板城に関する論考が収められる。

米沢市史編さん委員会編『米沢市史 第1巻 原始・古代・中世編』米沢市、一九九七年

同前『米沢市史 第2巻 近世編1』米沢市、一九九一年

兼続が米沢藩政の確立につくした業績を詳述している。

同前『米沢市史編集資料 第10号　米沢人国記 中・近世編』米沢市史編さん委員会、一九八三年

「直江兼続」「前田慶次」「直江船」の項目には、それぞれの生涯が簡便にまとめられている。

上山市市史編さん委員会編『上山市 上巻 原始・古代・中世・近世編』上山市、一九八四年

長谷堂城攻めと撤退作戦の様子が克明に記録されている。

会津若松市史研究会編『会津若松市史3 歴史編3 中世2 会津芦名氏とその時代』会津若松市、二〇〇四年

長岡市編『長岡市史 通史編上巻』長岡市、一九九六年

御館の乱にまつわる記述が充実。

村上市編『村上市史 通史編1』村上市、一九九九年

本庄氏や揚北衆にまつわる記述が充実。

［4］史料集

史料集についても、市町村史と同様にインターネットを活用すると、図書館における所蔵の有無を確認できる。

『上杉家御年譜』

米沢温故会編『上杉家御年譜1 謙信公』米沢温故会、一九八八年
同前『上杉家御年譜2 景勝公1』米沢温故会、一九八八年
同前『上杉家御年譜3 景勝公2』米沢温故会、一九八八年
同前『上杉家御年譜4 定勝公』米沢温故会、一九八八年

年代をおって歴代藩主の事績がまとめられた米沢藩の正史。正史であるからといって、すべての記述が信頼できるのではなく、広範な視点から真偽を見極める必要がある。

東京大学資料編纂所編『大日本古文書 家わけ十二ノ二』東京大学出版会、一九三五年

兼続関連の書状をはじめ、一次史料を多数掲載するが、戦前の編纂のため、変体仮名がそのまま記載され扱いにくい。

同前『大日本古文書十二ノ三十二』東京大学出版会、一九三五年

兼続が病没した日付には、関連史料が網羅される。

新潟県編『新潟県史 資料編3 中世1 文書編1』新潟県、一九八二年
同前『新潟県史 資料編4 中世2 文書編2』新潟県、一九八三年
同前『新潟県史 資料編5 中世3 文書編3』新潟県、一九八四年

上杉家関連の文書が網羅され、『大日本古文書』より読み解きやすい。

新井白石『藩翰譜 新編』第1〜5巻、人物往来社、一九六七、一九六八年

新井白石が編纂した大名家の家譜。江戸時代成立の史料のなかでは、比較的読みやすい。全文が活字化されている書籍は数種類あるが、絶版となっており、図書館での必要箇所のコピーがベター。

今泉鐸次郎ほか編『越佐叢書』第5巻、野島出版、一九七四年

『北越太平記』(宇佐美良賢著『北越軍記』の別称)を所収する。

井上鋭夫校注『上杉資料集』上中下、人物往来社、一九六九年

江戸時代に成立した軍記物語が網羅される。

今村義孝編『奥羽永慶軍記』上下、人物往来社、一九六六年

奥羽地方における合戦史をまとめた軍記物語。長谷堂城をめぐる攻防戦についても詳細に記述される。

塙保己一編『続群書類従』第22輯上、続群書類従完成会、一九五八年

長谷堂城をめぐる攻防戦を記述する『最上義光物語』の原文を掲載。

中村晃訳『最上義光物語』教育社 一九八九年

現代語訳されるとともに、最上義光の生涯が概説される。

［5］図録

博物館で発売される特別展の図録は、カラー写真が多数掲載されているわりには、自治体発行のせいもあって割安。在庫のあるうちに入手しておきたい。

米沢市上杉博物館では

米沢市上杉博物館編『特別展　直江兼続』米沢市、二〇〇七年

同前『特別展　上杉景勝』米沢市、二〇〇六年

同前『特別展　上杉謙信』米沢市、二〇〇五年

同前『特別展　戦う上杉氏』米沢市、二〇〇三年

など、過去に開催された兼続にまつわる特別展の図録を発行している。

新潟県立歴史博物館『よみがえる上杉文化　上杉謙信とその時代』長岡市、二〇〇一年

最上義光歴史館『最上家名宝展　山形を築いた最上義光』最上義光歴史館、一九九六年

歴史を楽しむための提言

兼続という一人の人物に限らず、歴史についてくわしく知ろうとするとき、既存書の子引きや孫引き、もしくは「コピペ」（コピーアンドペースト）から成り立っている書籍を読むより、一次史料にあたったほうが広範なデータをえられるとともに、さまざまな発見がある。

書状などの古文書というと、崩し字を読むことをイメージする方が多いものの、まず大切なのは活字化された史料を読み解くことといえる。「入門古文書読解法」のような題名でありながらも、大学院生でなければ理解できない書籍に目を通しても、自信喪失になるだけであろう。近年、博物館や自治体では、「古文書を読む会」というような初心者むけの講座を開いている例が多い。よい講師に出会い、より歴史が好きになることも期待できる半面、その逆の結果もありえないことではない。

知りたいという欲求さえあれば、意外にも、活字化された史料を読み解くことは独学でも不可能ではない。歴史史料を読み解くことができるようになれば、もっと歴史と深く接することができ、生涯の友とすることができるだろう。

外川 淳（とがわ・じゅん）
1963年、神奈川県生まれ。早稲田大学第一文学部日本史学専修卒。歴史雑誌の編集者を経て、歴史アナリストとなる。中世から近代の軍事史を得意分野とする。歴史ファンとともに古城や古戦場をめぐる「歴史探偵倶楽部」（http://homepage2.nifty.com/daiba1868/）を主宰。著書は『家康戦国城盗り物語』（だいわ文庫）、『戦国時代用語辞典』（学習研究社）、『山本勘助の時代一〇〇人』（河出文庫）など多数ある。

編集協力＝大宅尚美

アスキー新書　087

直江兼続《なおえかねつぐ》

戦国史上最強《せんごくしじょうさいきょう》のナンバー2

2008年11月10日　初版発行

著　者　外川 淳
発行者　髙野 潔
発行所　株式会社アスキー・メディアワークス
〒160-8326　東京都新宿区西新宿4-34-7
電話（編集）0570-064008
発売元　株式会社角川グループパブリッシング
〒102-8177　東京都千代田区富士見2-13-3
電話（営業）03-3238-8605（ダイヤルイン）
装　丁　緒方修一
印刷・製本　凸版印刷株式会社

ISBN978-4-04-867477-5　C1221

ストラディヴァリウス

横山進一

写真家、ヴァイオリン製作者

今も解明できないその音色の秘密、ニスの謎、億を超える価格……多くの人を魅了し、人生を狂わせた至高の楽器。パガニーニなど著名な音楽家やヨーロッパ王室との関係など、所有者と名器がたどった数奇な運命とは。そしてアントニオ・ストラディヴァリは何を成し遂げたのか。第一人者による決定版。カラー写真多数収録。

978-4-04-867417-1

死体を科学する

上野正彦

元東京都監察医務院長　医学博士

死体はあるのに犯人は捕まっていない、そんな事件が世の中には無数にある。そんなとき、事件の真相は死体だけが知っている。他にはなんの証拠も残っていない事件でも、死体はわれわれに事件の真相を雄弁に語りかけ、犯人を教えてくれる。長年監察医を務め、数多くの死体と事件に立ち向かってきた著者が、縦横無尽に語る死体検証学。

978-4-04-867356-3

老親介護とお金

ビジネスマンの介護心得

太田差惠子

介護・暮らしジャーナリスト

「介護にいくらお金がかかるのか」。よく聞く質問です。しかしお金が心配というのは感情論、お金を使うことは理性での行為。チームを組み、情報を集め、ビジョンを練り、資金用途をプランし、時間を調整して、時々、軌道修正。介護に必要なのは戦略です。主体性を持った介護に必要な考え方と、お金の使い方を指南します。

978-4-04-867359-4